# 相談しがいのある人になる

1時間で相手を勇気づける方法

心理カウンセラー
下園壮太
Shimozono Souta

kokoro library

# はじめに

私はカウンセラーです。
そんな私が最近思うのは、現代人は相談を受けるのが、下手になっているのではないかということです。

クライアント（相談者）の中には、私のもとを訪れる前に、周囲に相談してみたという人もいます。しかし、「相談したけれど、何の助けにもならなかった」という人が多い。むしろ、相談したことで逆に「追いつめられたり、傷つけられた」と訴えるケースもあるのです。

私のように職場で働くカウンセラーには、そのような場合に、相談を受けた人、たとえば上司や友人に話を聞く機会もあります。
彼らに話を聞いてみると、悩んでいる人を支援しようという気持ちは非常に強いのですが、その熱意が空回りしているようです。むしろ熱心に関わろうとするほど、逆に相手を苦しめてしまうという矛盾した状態になっています。

彼らは、悩んでいる人にとって結果的に「相談しがいのない人」になってしまったのです。

人は助け合って生きる動物です。

長い人生の中では人の知恵を借りたい、相談したいと思うことがしばしばあります。そんなとき私たちは、無意識に「誰に相談するか」を選んでいます。相談したい相手、相談したくない相手がいるのです。

本書では、あなたが「相談したい相手」になるための、考え方や具体的方法を紹介しようと思っています。ポイントをいくつか押さえるだけで、相談の受け方ががらりと変わってくるのです。

それでは本書は一般的なカウンセリングの技術を伝えるものなのかと、早合点してはいけません。たしかに最近は「聞き上手」をテーマにした本など、カウンセリングの技術をわかりやすく伝えるものを多く見かけます。

しかし、そのような技術が、皆さんの相談場面に直接生かせるかというと、そうでもないのです。

私はカウンセラーです。しかしカウンセリングを大学で勉強したわけではなく、実際的な場面で、自分の技術を磨いてきました。また、何かトラブルがあったときに現地に赴いてカウンセリングをするという私の任務から、私のカウンセリング場面は、ほとんどが一回勝負です。

たとえば、夫を事故で失ったという奥さんに対して、一時間で、落ち込んだ気持ちからなんとか少しだけでも、前向きな気持ちへ変わってもらうという支援です。

そのような現場では、従来のカウンセリング技法ではあまり語られてこなかったようなポイントが重要になってきます。たしかに普通のカウンセラーの環境とは違うかもしれませんが、一般の方々が相談を受ける場面には、むしろ近い環境なのだろうと考えています。

本書では、そんな私の実践的なコツや考え方を紹介していきたいと思うのです。

相談を受けるなんて、自分には関係ないと思っている人もいるかもしれません。

しかしじつは、相談を受けるという行為は、現代人にとってあなたが思っている以上の意味を持っているのです。

たとえば親子関係で考えてみましょう。

親は子を大切に思っています。しかしそれをどうやって表現すればいいのでしょうか。

今の子供たちは何かを買って与えても、他人と比較して「ありがとう。でも○○君は、最新型を持っている」と、さして大きな喜びもありません。

子供の要求に従ってどんなにお金を与えていても、それは都合のいい親でしかなく、けっして尊敬や信頼や愛情を得ることはできません。つまり、親の愛情を表現しにくい時代になってきているのです。

それでも親子ですから、何らかの相談を持ちかけられることもあるでしょう。

相談するとき、子供は本当に困っています。そんなとき、もしあなたが上手に相談にのって子供の悩みを軽くできたら、子供はあなたを信頼し、親として尊敬するでしょう。

このように考えると**相談場面とは、現代ではとても難しくなった深い人間関係や信頼関係を築く、絶好のチャンス**なのです。

相談は、親子関係だけではなく、夫婦関係、恋人関係、職場での上下関係、友だち関係などあらゆる人間関係のなかで生じ得ます。

意中の異性が困っているとき、あなたが力になってあげられれば、相手の気持ちはあなたに傾くでしょう。

部下が本当に困っているとき、助けてあげられれば、部下はあなたのことを信頼し、あなたについてきてくれるでしょう。

悩んでいる友だちを上手にサポートできれば、お互いを親友と呼べる関係になっていることに気がつくでしょう。

相談は人間関係をより良いものにする大きなチャンスなのです。

さらに、困っている人を助けることは、助けたあなたにも大きな喜びをもたらしてくれます。上手に相談を受ける技術は、あなたの人生をもっと豊かにしてくれるはずです。

本は出会いです。出会うこと自体が幸運ですが、行動に移さなければ、その幸運もしぼんでしまいます。あなたが本書に書かれていることを実践して、その幸運をもっと具体的な形にできるように祈っています。

相談しがいのある人になる　1時間で相手を勇気づける方法◉目次

## 第4章

kokoro library

相談しがいのある人になる

# 1時間で相手を勇気づける方法

装幀―重原　隆
装画―藤川孝之

# 第1章
# 相談しがいのない人たち

## ●「相談しがいのない人だ」と思われていませんか？

「相談を受ける」という作業は、現代社会においてはけっこう難しい精神活動になっているのです。「相手のためを思って、真心で接すれば必ず相手に通じる。最後にはわかってくれる。相手に感謝されるはずだ」というのは、理想論であり、甘い思い込みだと言わざるを得ません。そういう思い込みにとらわれている限り、けっして「相談しがいのある人」にはなれないのです。ここではまず、そんな「相談しがいのない」事例をいくつか紹介してみましょう。

## 事例1　相談が説教になってしまった

まさる君は、二一歳、大学生です。アルバイトでためたお金で、新しいバイクを買って友だちとツーリングに行こうと計画しています。

バイク屋に行ったところ、予定していたバイクの隣にあった新車種に一目ぼれしてしまいました。そこでまさる君は父親にお金を借りようと相談を持ちかけたのです。

「父さん、ちょっと相談があるんだけど」

「なんだ。珍しいな」

「うん、たいした話じゃないんだけど、今度バイクを買い換えようと思ってさ」

とカタログを広げました。

まさる君は、大学の仲間や友だちとツーリングクラブを作ったこと、買おうと思っている車種が、いかにツーリングに向いているかということ、今のバイクを思った以上に高い下取りで引き取ってもらえることなどを話しました。父親はいつもの仏頂面で聞いています。

「それで……、アルバイトしたんだけど、少し足りなくてさ。どうしても来週の初ツーリングに乗って行きたいんだ。次のバイトの給料が出るまで、少しお金を貸してもらえないかな」

「少しって、いくらだ」

「一五万円ぐらい」

「一五万円とは、また大金だなぁ」

「必ず一ヵ月後には返すからさ」

お父さんはちょっと考えた後、

「貸してやらないわけではない。しかし、もうお前も大人なんだから、金銭計画はしっかりしていかなければならない。本来なら、友だちと相談してツーリングの日程を変えるか、新しいバイクをあきらめて、今ので行くか、まずそういうことを考えるべきなんじゃないか」

「それはそうかもしれないけど……、みんなの都合もあるし」

「どんな都合だ」

「友だちのことは、父さんに言う必要ないよ」

「お前は、人にものを頼んでいるんだぞ」

「そうだけど……」

「まあ、友だちのことはいいとして、お前の収入と、支出の状況を紙に書いてお父さんに見せなさい」

「え、どうして」

「お前はお父さんに金を借りるんだろう。銀行でもその会社の資産状況をチェックしてから貸すもんだ。金銭感覚には敏感じゃなきゃいけない。いいか、お父さんが若かった頃……」

と、自分が起業したときの、お金に苦労した話がひとしきり続きました。さらに、

「大体、お前の選んだバイクだが、もっと燃費のいいやつがあるんじゃないか。これから頻繁にツーリングするんなら、燃費のことを考えるのがいちばんだろう。このバイクのほうが、荷物もつめるし、安全面からも優れていると思うけどな」

と、もう少し安いモデルを薦めてきたのです。

もちろんまさる君はその車種も検討していたのです。しかし、その車種はちょっとかっこよくなかった。だから、まさる君には、「ありえない」選択でした。

まさる君は、お金を貸してもらうためがまんして父親の話を聞いていましたが、自分が買おうとしているバイクをけなされて、だんだん嫌気がさしてきました。

「わかったよ。父さん、もういいよ」

「もういいって、どういうことだ」

「お金は自分でなんとかするよ」

とふて腐れるまさる君。

「だったら、それでいい。困って勉強するもんだ。だがこれだけは忘れるな、金を甘く見るとあとで後悔するからな。かっこばかりに目がいって、現実を認識していないんじゃないか。お前も二年後は社会人なんだからな」

とつきはなすお父さん。

後には気まずい雰囲気が残りました。

---

### ▼まさる君

親父に相談してみたけど、いつものように説教をされて終わりだった。相談なんて、しなきゃよかった。お金はキャッシングすればいいや。

### ▼お父さん

なんだ、あのふて腐れた態度は。相談だって言うから、人にお願いするときの姿勢や、買い物をするときのポイントを教えてやろうと思ったのに。あいつはいつも人の言うことを聞かない。ま、俺の若い頃の話をしてやったから、少しはお金についての厳しさを理解してくれただろう。後はせいぜい困って、社会から教えてもらうんだな。それもいい勉強だ。

## ▼どうしてこんな結果になってしまったのか

お父さんは、本当はお金を工面してあげるつもりでした。でもこれを機会に、人生についてさまざまなことをアドバイスしてやること、これこそが息子の相談に応える道だと思っています。ですから、三〇分間自説を息子に聞かせて、少し満足さえ感じています。

ところがどうも、まさる君の求めているものは、少し違ったようです。

現代人が「相談」に求めるものについては、第2章でくわしく考えてみることにしましょう。

## 事例2　妻の相談をすぐに問題解決しようとした

道子さんは三五歳の主婦。ご近所付き合いのことで、出張から帰ってきた夫に相談をしました。

「ねえあなた、ちょっと聞いてよ。あなたが出張している間にたいへんなことになってるんだから」

「どうした、何かあったの」

「はす向かいの○田さんのおばちゃん、どうもうちのゴミを漁っているらしいのよ」

「え、ゴミを漁っている？」

「そうなの。月曜日、マキ（子供）が学校に行くときに、『マキちゃんもたいへんね。クラスでいじめが問題になってるんでしょ』って声をかけられたらしいの」

「へぇ」

「へぇ、じゃないわよ。いい、あなた。マキのクラスでいじめがあるっていう話は、マキの学年でもまだ数人しか知らないことなのよ」

「でもこの間、学級通信にそれらしいことを先生が書いてきたんだろう」

「それよ。その紙をうちのゴミから拾って、読んでいるのよ」

「そうなの？」

「そうよ。人の家のゴミをのぞくなんて最低だわ。それに『マキちゃんは、関係ないの？』って聞かれたんだって。あのおばちゃんスピーカーだから、何か一言でも言ったら、皆に言いふらされちゃうの。そんなことが、いじめっ子の耳に届いてごらんなさいよ。うちのマキがいじめられちゃうわ」

「そうか……。じゃあ俺が、○田さんのところに、言いに行ってやろうか」

「ダメよ、証拠がないんだから。そんなことしたら、それこそ○田のおばちゃんに、逆にいろんなことを勘ぐられちゃうわ」

「そうか。でもさぁ、○田さんってよくゴミ置き場を掃除してくれてるだろう。うちのゴミ袋がたまたま破れてたんじゃないの。他の誰かから、うわさを聞いたのかもしれないし。マキのことだって、ほんとに心配してくれているのだと思うんだけど……」

「だから、あなたはダメなのよ。まったくわかってないわね。○田のおばちゃんはね、△△さんの件でも、一人で勘違いして町内会で孤立しているのよ。ゴミ置き場の掃除だって誰も頼んじゃいない。ゴミを見てチェックしているのよ」

「そうかなぁ。人のことをそんなに悪く見ることもないと思うけれど」

「あなたはいつもそう。知ったかぶりをして。人の話をちっともまともに聞こうとしない」

「そうじゃなくて、客観的に言ってさぁ……」

「客観的、客観的って、あのときも結局あなたは、私の言うことよりお姉さんの言葉を信じたじゃない」

「またその話か。一〇年前の話だろう」

「私はあなたに、もっと真剣に関わってほしいの。私やマキのことが心配じゃないの？」

「心配だよ。俺だって疲れてるんだよ。結論を言ってくれよ、結論を。俺に一体どうしろと言うんだよ」

　と少し声が大きくなってしまった夫。

「怒鳴らないでよ。もういい」

　と、道子さんはヒステリックに言い放ち、台所に行ってしまいました。夫はため息をつきながら風呂に向かいました。

### ▼道子さん

いつもそう、ちっとも相談にのってくれない。ああ、もう嫌だ。このままこの人と一生暮らしていくのかなぁ。考えちゃうなぁ。

**▼夫**

疲れて帰ってくればなんだ、くだらない話で。結局俺にどうしろって言うんだ。一人で過剰に心配して……。俺も疲れてるんだよ。少しは俺のこともわかってくれよ。

**▼どうしてこんな結果になってしまったのか**

道子さんは、夫の出張の間にいろんなことがあって、一人で心配してきました。夫が帰ってきたので、ようやく相談できたのです。

夫も疲れていたにもかかわらず、妻の相談を受けようと、まじめに話を聞きました。

ところが、事例のように、お互い気まずい思いをするような結末になったのです。

道子さんは、まず自分の気持ちを夫に理解してほしかった。一方夫は、提示された状況（問題）をどう考えればいいか、どう対処するべきかという冷静な思考で対処した。道子さんが求めるものと、夫が与えたいと思ったものが違っていたのです。これも第2章で考えるテーマです。

## 事例３　はげますつもりが落ち込ませてしまった

裕子さんは社会人三年目。体育会系のさっぱりした性格で、会社にも慣れ、恋愛や仕事で忙しい日々を送っています。

その裕子さんのところに、今年入社したばかりのユミさんが相談にきました。

さまざまな人に相談しても、悩みは解消せず、最後の望みとして高校の先輩である裕子さんのもとを訪れたのです。

「先輩、私、このまま仕事をやっていく自信がなくなっちゃったんです」

「どうしたの。春はあんなに張り切っていたじゃないの。何かあったの？　課長にでもいじめられた？」

と、裕子さんは、厳しい指導で有名な課長にいじめられたのかなと、かまをかけてみました。

「そんなことではないんです。課長は厳しいけれど、言われてもしょうがないんです。私、この仕事向いていないと思うんです。能力がないんです」

と、簡単な連絡ミスで取引先ともめたこと、そのことが原因で周囲の目が冷たくなってきたこと、先月のイベントのときも自分は何も力になれず、周囲の足を引っ張ってばかりだったこと、自分の仕事が遅くて、みんなの仕事が進まないことなどを話してくれました。

「最近は、お弁当を食べるときも一人で屋上で食べているんです。夜になっても、明日の仕事のことばかり考えているし、会社に行くのが怖いんです」

それを聞いた裕子さんは、一生懸命はげましにかかりました。

「そんなことないよ。あなたの課の大木主任だって、ユミさんはよい子だ、のみ込みが早くて素直だって、ほめていたよ。誰だって一年目はうまくいかないものよ。みんなが冷たいって言うけれど、今月は新規開拓の月だったからみんな忙しかっただけ。あなたの思い過ごしだよ。誰かに相談してみた?」

「はい。山下さんや前田さん、加藤さんにも相談しました」

「それで」

「みんな、思い過ごしだって……」

「そうでしょ」

「でも、先輩は本当の私を知らないんです。先輩も山下さんも、ちゃんとやれたから、今があるんでしょう。ちゃんとできる人には、私みたいなダメ人間の気持ちなんかわからない」

裕子さんは、困ってしまいました。

「ところで、仕事はどういうふうに進めているの？」

と具体的な仕事のやり方について聞いてみると、たしかに少し問題点もあります。

「私はこうしたよ」

と裕子さんはいくつかポイントを教えてあげました。

ユミさんは、そういう部分は素直に聞くものの、「だから、大丈夫だって」という裕子さんの言葉にはうなずきません。

「でも先輩、私は、ダメなんです」

「ダメったって、あなたが負けてどうするの。もう一度やってみなきゃ。今辞めてどうするのよ」

「どうするかは決めていないけど、辞めたいんです」

「泣き言、言ってんじゃないよ。もっとしっかりしなよ。大人でしょう」

「……やっぱり先輩も、私のことをウザイやつだと思ってるんですね」

「何バカなこと言ってるのよ。そんなだからみんながあなたを避けるんじゃない。みんなのことを非難する前に、まず自分が社会人としてどうあるべきかを考えなさいよ」

裕子さんは、そう言い放って、泣きじゃくるユミさんを置いて、オフィスに戻りました。

**▼裕子さん**

参っちゃったなぁ。はげますつもりだったのに、逆に落ち込ませちゃったみたい。悪いことしちゃったかなぁ。

**▼ユミさん**

やっぱり、私はダメな子だ。先輩はよくわかっている。もう辞めちゃおう。

---

## ▼どうしてこんな結果になってしまったのか

これも、相談に至る前、つまり入り口でつまずいています。「相談にならない」というケースの一つです。

相談にならないのには、さまざまな理由がありますが、ここではとくに「相談者の心理状態」を支援者がわかっていない、ということが重要なポイントになっていると思います。

相談を受けるというのは、単に知恵を出せばいいのではありません。

相談者はどこかに負い目や不安があるのです。その不安に対して上手に配慮し、相手が受け入れられる形で援助する。これが効果を上げる相談になるかどうかの分かれ目です。

「相手が求めているのだから、こちらは単にアドバイスをすればいい」というスタイルでは、頼られる人にはなりません。

これについては、第3章でくわしく説明します。

## 事例4　プロも陥る「相手のためになる」という思い込み①

「相談しがいがない」は、何も日常的な相談の場面に限りません。

悩み相談のプロと言われる、精神科医、カウンセラー、弁護士などの相談でも、「あの人に相談しても仕方がない」と、評価されることがよくあるのです。

山下さんは、四五歳の会社員。ちょっとしたトラブルが原因で会社に出勤できなくなってしまいました。会社に行こうとすると、吐き気と悪寒に襲われ、足が前に進まなくなるのです。

山下さんは、勇気を出して精神科医の診察を受けることにしました。

精神科医は、山下さんの家族構成や生い立ちを聞いた後、

「あなたには長男として、お父さん、お母さんに言いたいことが言えなかったという、隠れた思いがあるようです。それが会社で上司に言いたいことが言えないという葛藤に表れている。思い当たる節はありませんか」

と質問しました。

山下さんは、会社ではとくに問題はなかったこと、たしかに上司とのトラブルはゼロではないが、誰でも持っているような感情であり、それによって今回の事態に陥っているとは思えないこと、父親や母親には特別嫌な感情は持っていないことなどを話しました。

それでも精神科医は、

「自分では、なかなかわからない部分、つまり深層心理に何かトラブルがあるわけです。小さい頃のことを思い出してください」

と、小学校の頃の両親のことを聞いてきます。質問に答えているうちに、一時間の診察が終わりました。

山下さんは、家族や上司のことよりも、今の仕事の見通しがつかない不安について話題にしたかったのですが、結局話は、家族のことに終始してしまいました。

山下さんは診察費を払いながら、この病院にはもう来ないと決心していました。

## 事例５　プロも陥る「相手のためになる」という思い込み②

大木さんは、二五歳の会社員。入社して二年目ですが、退職しようかどうかと悩んで、カウンセラーのもとを訪れました。

カウンセラーは、いくつかの心理テストをした後、話を聞いてくれました。

大木さんは、現在の会社が思ったよりも将来性がないこと、人間関係が重荷になってきたこと、自宅から通っているが通勤時間が長いこと、などを説明しました。

そして自分は、友だちといっしょに起業しようか、もう一度勉強しなおして資格を取ろうか、あるいは同業のもう少し小さい会社に転職しようか迷っていると打ち明けたのです。

カウンセラーは、あなたはこういう適性であると、テストの結果を紹介してくれたほかは、ほとんど意見を言わず、にっこり笑って話を聞いてくれました。

しかし結局、大木さんが迷っていることについては、何も意見を言ってくれなかったのです。

「どうしたらいいでしょう。どう思いますか？」

と聞いてみると、

「そうですね。どうしたらいいかという答えは、あなたの心の中にあると思いますよ。仮に私がこうすればいいと言って、あなたがそれに従ったとします。するとあなたは失敗したときに、私の責任にする。自分の人生は、自分で切り開くものですから、ここはあなた自身が選択していくものだと思いますよ」

と答えるのです。

「それはそうですけれど、せっかく相談してるのだから、意見ぐらい聞かせてくれてもいいじゃないですか」

と言っても、笑っているだけです。

一時間話をしましたが、結局一万五〇〇〇円払って、自分でもわかっていたことを、カウンセラーに説明しただけで、大木さんとしては何の進展も感じられませんでした。

「カウンセリングって、役に立たないじゃん。職安に行ったほうが、ずっとためになる」

そう呟いて、カウンセリングルームの階段を下りていきました。

## ▼どうしてこんな結果になってしまったのか

プロは、プロなりのさまざまな理論や技術を持っています。しかしその理論や技術にとらわれて、一番大切な「メッセージ」に目が向いていないと、プロでも「相談しがいがない人」になってしまうのです。

事例4の精神科医の出していたメッセージは「君の心の中に問題がある。だから君が根本から変わらなければならない」というものです。

一方、事例5のカウンセラーは「私には関係のない問題です」というメッセージを出してしまいました。いずれも相談者が望んでいないメッセージでした。

メッセージの重要性については、本書で一貫して説明していくことにしましょう。

# 第2章

# なぜうまく相談にのれないのか
## ——問題解決指向のアプローチの限界

### ●相談されたとき「すぐに解決策を出してあげたい」と考えていませんか？

あなたは相談を受けるときにどんなことを考えているでしょう。「相手は自分を頼ってくれた。頼りがいのあるところを見せたい」「問題を即、解決してよく見られたい」などと思っているのではないでしょうか。そういう意識が強いと、どうしても「すぐに解決策を出してやろう」としてしまいます。日常の多くの相談はこのような対応でカバーできるでしょう。ところが、この対応では通用しないこともあるのです。とくに「悩みの深い相談者」の相談を受けるときには、十分な効果を上げられません。

## すぐに問題解決をめざそうとするアプローチには限界がある

この世の中に悩みを持たない人はいないと言っていいでしょう。私たちは誰もが日常生活で、さまざまなことで悩み、それを乗り越えています。どの大学に進学しようか、誰と結婚するか、どんな車を買うか、友だち関係を回復するにはどうしたらいいか……。

自分の力だけで乗り越える人もいれば、第三者に相談する人もいるでしょう。悩んではいるものの、まだ十分に闘うエネルギーが残っている相談者の場合は、まず問題の解決方法を求めるでしょう。少し自信を失っている場合は、自信を回復したいという欲求が先に立つこともあります。

そういった相談者には、適切にアイデアや情報を与え、時にははげまし、叱り、あるいは慰め、認めてやる。そうすれば、相談者は自分なりに問題解決の方向に進んでいけるものです。

この場合、問題解決策の提示は早いほどいい。だから私は、この相談の受け方を**「5分間相談」**と呼んでいます（**図1**）。

図1. **問題解決をめざす５分間相談とは**

5分間相談の要素
アイデア
情報
はげまし
こうすればいいよ。
君ならできるよ。
がんばって！
支援者
解決へ！
相談者

悩んではいるが考えるエネルギーが十分にある人は、支援者から
アイデアや情報をもらえば自分なりに解決策を考えられる

５分間相談は、われわれ人間にとって、基本的な相談の方法です。ヒトは、一人で生きることを選択した動物ではありません。助け合いながら群れとして生き延びることで、厳しい進化の競争に勝ち残ってきました。

ヒトがこのような発展を遂げた理由の一つは、物理的な助け合いだけではなく、情報や知識、アイデアなどの共有を実現できたからです。

言葉は、さまざまな情報を部族の間で共有する助けとなりました。文字は時間と距離の壁を越えた情報の交換を可能にし、ある人の知恵が次の人の知恵を刺激するという相乗効果を発揮してきました。

このように考えると、自分の考えだけでなく、情報を交換し、人の考えを取り入れるというのは、人間の、最も人間らしい部分なのかもしれません。「相談」はその典型的な形の一つです。

では、「相談」というコミュニケーションが生まれた原始時代には、どのようなことが相談されたのでしょう。

原始時代は、どこに獲物がいるか、どこに水があるか、どうすればこの作物が育つのか、誰に頼めば何をもらえるか、などのような生活に直接関係する情報を人を通じて知る必要がありました。それらの情報はまさに生きるために必要な情報だったのです。

しかも、エネルギーが底をつく前に、あるいは猛獣が襲ってくる前に、何らかの対処をしなければならないので、要点をついた効率的な情報のやり取りが必要でした。

「多くを語らず、要点を述べよ」「結論から説明せよ」は、今もビジネスシーンにおける報告の原則になっています。

つまり、これが「５分間相談」のベースになっているのです。５分間相談とは、具体的な行動に結びつく情報交換であり、短時間に問題解決指向の会話のやり取りをする相談です。

５分間相談は、日常の多くの相談をカバーします。

ところがこの対応では、次に説明する「悩みの深い相談者」には、十分な効果を上げることができません。彼らが楽になるために必要なものは、この方法では与えられないからです。

## 2 相談してくる人には三つの層がある

私は相談を持ちかける人は大きく三つの層に分かれると考えています（図2）。

一番目は「普通の悩み」の層です。悩んではいるものの、比較的冷静な判断ができる状態です。ヒントさえあれば、新たな視点で問題をとらえなおしたり、解決のための方法を見出したりすることができます。

二番目は「悩みモード」の層です。

悩みモードとは、その人本来の考え方や感じ方ではなく、少し偏って、しかも柔軟性がなくなった状態です。

三番目は「うつ状態」の層です。

悩みモードの特徴がさらに強くなり、思考や感情だけではなく、疲労感や不眠、食欲不振など身体的な苦しみも加わってきます。

二番目の層と三番目の層を合わせて、「悩みの深い相談者」と呼ぶことにしましょう。

普通の悩みであれば、5分間相談で対応可能です。通常この層の相談は、仕事の話なら

図2. **相談してくる人の３つの層**

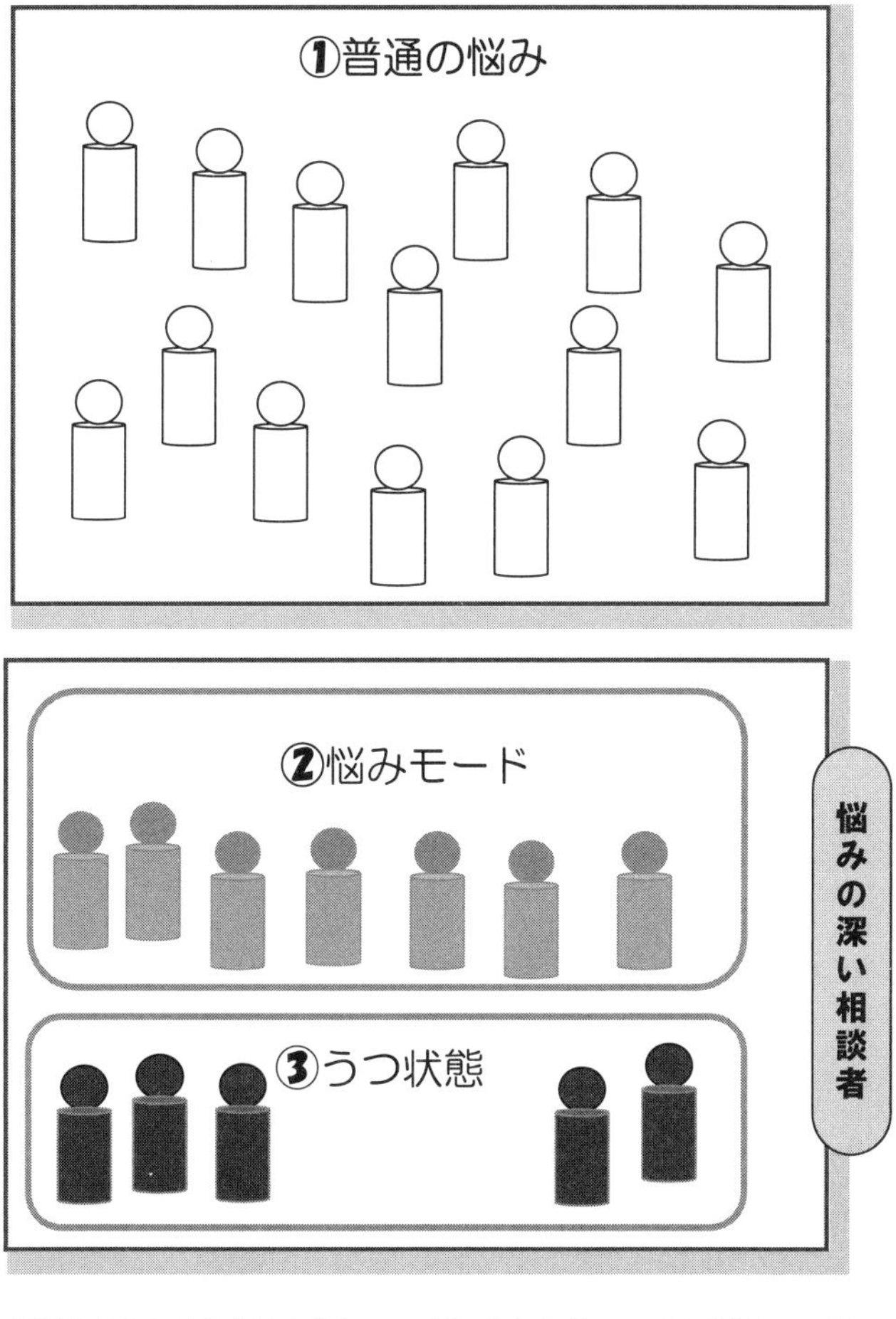
①普通の悩み
②悩みモード
③うつ状態
悩みの深い相談者

相談を持ちかける人は大きく3つの層に分かれる。このうち「悩みモード」と「うつ状態」の層を合わせて「悩みの深い相談者」と呼ぶ日常のやり取りの中で、私事のテーマならランチタイムや幼稚園バスの待ち時間などでの日常会話の中に、紛れ込んでいるのが普通です。つまり、あえて「相談」という形をとらずに進められていることが多いのです。

それでは、現代人が改まった「相談」をするのは、どのようなときなのでしょうか。

現代社会では、あるトラブルに対する具体的な情報は、さまざまなところから比較的簡単に入手できます。物質が豊かになり、ほとんどのことを一人で（他人の力を借りずに）やれる現代、誰かにあえて相談しようと思うときには、すでに相当の自助努力をした後なのです。

つまり、誰かに真剣に相談しようとするときは、すでにかなり悩んでいる、悩みの深い相談者であることが多いのです。長い間悩んだ結果の**「ちょっと相談にのってもらえますか」**という依頼であることが多い。

ですから、**あなたが誰かから改まって「相談」を持ちかけられたら（一見そうは見えなくても）、悩みはかなり深いと思って対応したほうが良い**のです。こうした悩みの深い相談者の特徴は、うつ状態特有の考え方、感じ方をすることで、本書ではそれを「うつ的思考」と表現することにします。

キーワード①

## 「うつ的思考」

人はどうして深く悩むようになるのでしょうか。

現実問題としていろんなことがうまくいかないと、人は悩み始めます。

そのことについてあれこれ考え、なかなか答えが出ない場合、悩みが深くなります。この悪循環には「うつ状態」や「うつ的思考」が関わっています。

うつ状態など特別な場合だと思っていませんか。

もともとうつ状態とは、人が大きな傷を負ったり、極端なエネルギー不足に陥ったりしたとき、ひっそりと身を隠して安全を確保するために「引きこもる」ためのものです。以前は厳しい外部環境によって、うつ状態になるケースが多かったと思いますが、現在は直接命を脅かすような厳しい環境はありません。

別に引きこもる必要もないのですが、うつ状態は増えています。現代社会を覆うストレスという魔物のせいです。現代社会は人間という生身の動物にとって、あまりにも変化が早く、刺激が多すぎる。その結果、多くの現代人が精神的に悩みを抱え、疲労困憊《こんぱい》したうつ状態に陥ってしまうのです。

うつ状態になると、元気なときとはまったく別の感じ方や考え方をしてしまいます。それが「うつ的思考」です。私のカウンセリングを受けに来る人のほとんどは、このうつ的思考をしてしまう。うつ的思考は、過剰な不安と傷つきやすさに特徴があります。

通常、私たちはある物事に対して、感情を働かせます。「小さい危険」には小さな不安、「大きい危険」にはそれなりの不安を感じるでしょう。それは個人差こそあれ、他の人とそれほど大きな差はないのです。

ところが元気な人なら「小さい危険」と感じるような刺激でも、うつ状態の人は「たいへん大きな危険」と感じてしまうのです。

ですから周囲にとっては、たいしたことがない出来事でも、うつ的思考の人にとっては、とても不安で、嘆き悲しむ出来事のように感じられてしまいます。些細なことでも今まで以上に過敏に悩むようになってしまうのです。さらに何の手立ても打てない自分に対し、自信が失われてきます。すると、また問題に対して不安が増大するという悪循環に陥るのです。

うつ的思考に陥ると、外的な環境は何も変わっていないのに、悩みが急激に深くなっていきます（図3）。

図3. **悩みとうつ状態の関係**

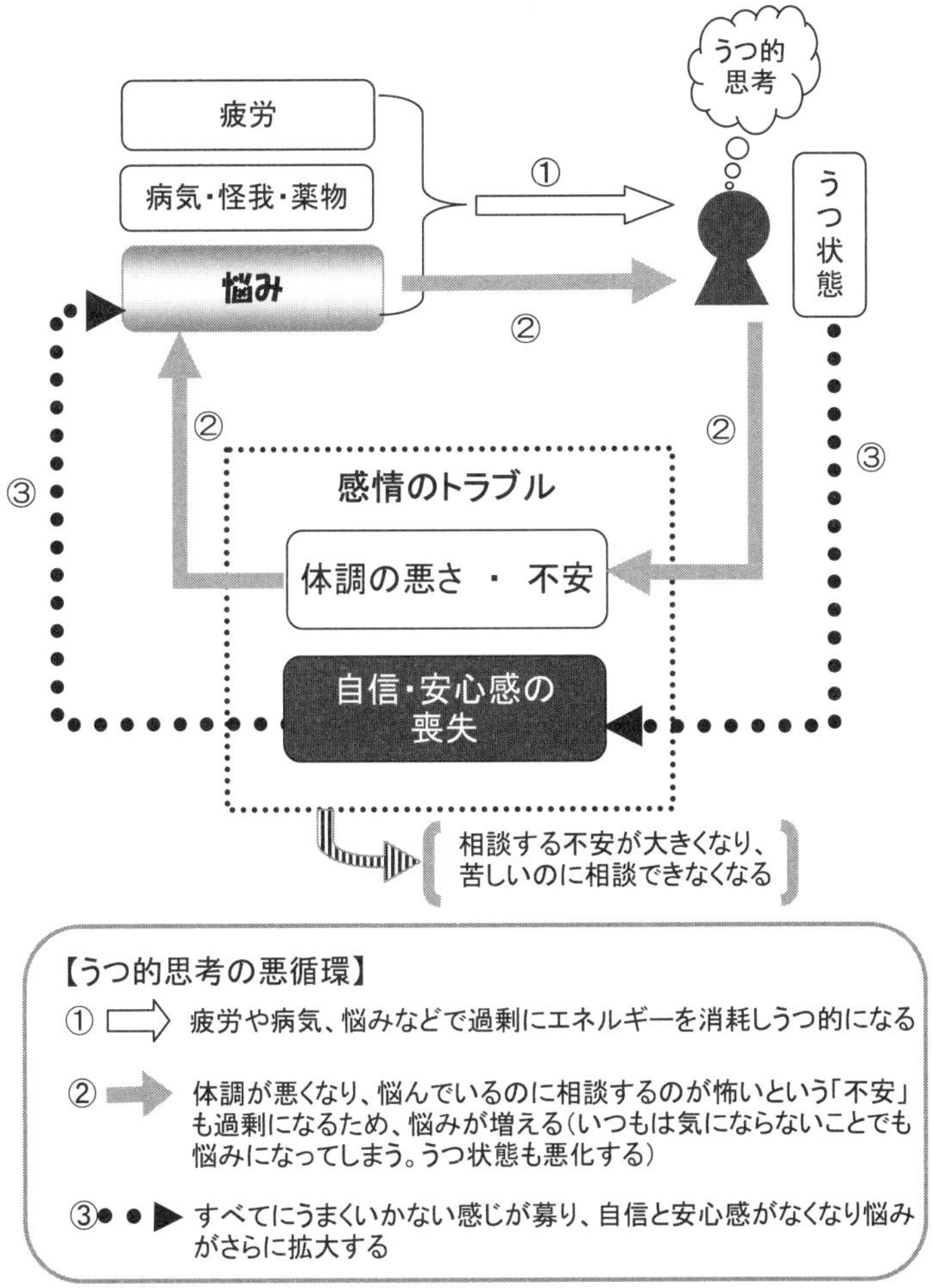
うつ的思考
疲労
病気・怪我・薬物
悩み
①
②
うつ状態
②
②
③
③
感情のトラブル
体調の悪さ　・　不安
自信・安心感の喪失
相談する不安が大きくなり、苦しいのに相談できなくなる
【うつ的思考の悪循環】
① 疲労や病気、悩みなどで過剰にエネルギーを消耗しうつ的になる
② 体調が悪くなり、悩んでいるのに相談するのが怖いという「不安」も過剰になるため、悩みが増える（いつもは気にならないことでも悩みになってしまう。うつ状態も悪化する）
③ すべてにうまくいかない感じが募り、自信と安心感がなくなり悩みがさらに拡大する

現代人の場合、大きな悩みがあるからうつ状態になるというより、むしろ、うつ的思考によって深い悩みが生じているというパターンが多い

## 3 悩みの深い人には「感情のトラブルの解消」が必要

うつ的思考を持つ悩みの深い人の場合、本人が訴える表面的な悩みを解決しても、本人の感情のトラブルが解消できないことがあります。逆にこの感情のトラブルを解消できれば、表面的な問題が「問題ではなくなる」ことが多いのです。

そのようなケースを紹介しましょう。

——課長Aさんは、パソコンが苦手なことを部下から馬鹿にされていると思い込み、上司に相談しました。かなり落ち込んで不眠もあったので、悩みの深い相談者と言えるでしょう。

相談を受けた上司は、彼の部下を集めて、彼の心配事について聞いてみました。すると部下たちは、

「私たちは課長にパソコン作業をしてほしいとは思っていません。それは私たちの仕事です。むしろ、課長が最近元気がないと皆で心配してたんです」

と答えました。

そのことを上司から告げられたＡさんは、「そうですか」と安堵した表情でした。しかし、Ａさんの不安はそれでおさまらなかったのです。次の日になると「部下は、上司の手前だから、そう話したんだ。本当はやはり自分のことを馬鹿にしていると考えていました。「いったん上司にも話をしたのに、いつまでもそのことを引きずっていると思われたら、自分はクビになる」と思い込んだＡさんは、誰にも相談できなくなりました。そして、切羽詰まってカウンセリング室を訪れたのです。

私は、彼を安心させながら、話をゆっくり聞きました。はじめは警戒していたＡさんも、次第に自分の胸の内を話してくれるようになりました。「自分でも、思い過ごしだと思ってるんですけど、どうしても気になって」と、自分のままならない感情について苦しさを訴えます。

ですが一時間ほど話を聞くうちに、相談の当初、あれほど「もう上司には相談できない」と言っていた彼が、とりあえず上司にもう一度相談してみると言ってくれました。「ところで、部下のほうについては、どうしましょう」と私が彼の当初の「悩み」について話を戻すと、「そうですねぇ。少し私の思い過ごしというところもあるんでしょうから、少し様子を見てみようと思うんです」という答えでした。

## 4 「話を聞いてほしい」という欲求を満たす

さて、Aさんのケースで相談者の感情を落ちつかせるために、私はいったい何をしたのでしょう。

悩みの深い相談者が無意識のうちに「求めているもの」を与えたのです。結論から言うと、それは、「話したい。ただ話を聞いてほしい」ということなのです。

「ただ話したいだけ？　そんな相談に付き合っている暇はない」と感じる人も多いでしょう。

ところが実際、現代人が相談する場合、おそらく半数以上は、これが目的であると思っていたほうが良いのです。実際、われわれプロのカウンセラーが相談を受ける場合は、八割から九割は、この「ただ話したい」という欲求を満足させるための相談だと言えます。

では、この「ただ話したい」という（無意識の）欲求を満たすということには、どのような意味があるのでしょうか。「ただ話したいだけなら、俺が相談を受ける意味がない」と考える程度のことなのでしょうか。

じつは、「人が人に話をする」ということは、皆さんが考えている以上にたいへん大きな意味を持つ行為なのです。

キーワード②

## 「表現欲求」と「共感確認欲求」

話は原始時代にさかのぼります。

ヒトはまだサルのレベルから進化したばかりであると想像してみてください。ヒトは、猛獣から身を守り食物を得るために、単体ではなく群れとして生活することを選択しました。一人では熊に太刀打ちできませんが、一〇人が協力すれば熊をしとめ、食料を得ることができるからです。

一〇人が協力するためには、攻撃のタイミングを合わせ、攻撃する方向などを調整する必要があります。はじめはうなり声や身振り手振りで伝えていたのでしょうが、次第に言葉という武器を身につけるようになりました。

さてそんな原始人の一人が、あるピンチに陥ったとしましょう。怪我をしたか、お腹が痛くなったか、ヘビに噛まれたか、熊に襲われそうになったか……。そんなとき、仲間に助けを求めます。おそらく、大きい声で叫んだり、泣いてみたりしたでしょう。声も出ないときは、絵を描いて苦しさを伝えたかもしれません。いずれにしても自分の苦しさを表現できれば、仲間から助けてもらえるチャンスがあるのです。

つまり、**人にはピンチになったら自分の苦しさを表現したいという欲求**が組み込まれているのです。これを私は「表現欲求」と呼んでいます。

つらいとき、映画を観て泣くことで心がすっきりする経験をした人もいるでしょう。カタルシスなどと呼ばれていますが、これも涙を流せた（表現できた）ことにより、表現欲求が満たされた結果です。

その人の環境が変わったわけでも苦しさの原因がなくなったわけでもありません。しかし、自分の苦しさを何らかの形で表現できたとき、「これで仲間から援助を期待できる」と心が判断し、気持ちが軽くなるのです。

涙を流すことだけでなく、文章にしたり、絵を描いたり、大声を出したり（海に向かって馬鹿野郎と叫ぶなど）、カラオケで思いっきり歌ったりすることも表現欲求を満たすことによるストレス解消法です。

しかし最も表現欲求が満足するのは、「人に話を聞いてもらった」ときなのです。この作業は、表現欲求とともに、「共感確認欲求」も満たすからです（図4）。

共感確認欲求とは、どのようなものでしょうか。

足を怪我して動けなくなった原始人が、助けを求めて大声で叫びます。しかし仲間

図4. **表現欲求と共感確認欲求**

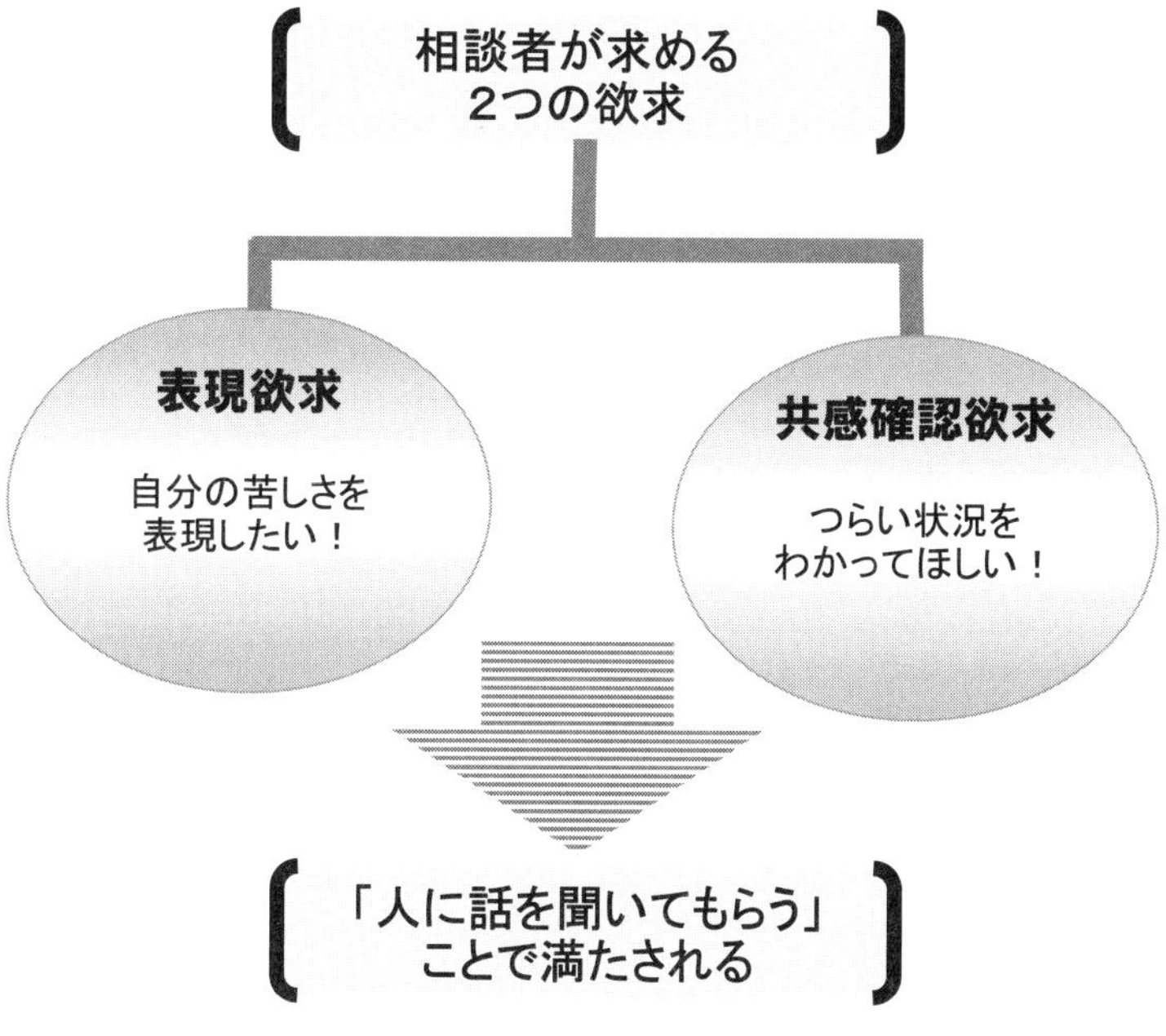
相談者が求める
2つの欲求
表現欲求
自分の苦しさを
表現したい！
共感確認欲求
つらい状況を
わかってほしい！
「人に話を聞いてもらう」
ことで満たされる

悩みの深い相談者が求めているものは、「人に話を聞いてもらう」ということ。
それだけで、表現欲求と共感確認欲求が満たされるは向こうの山にいて、彼の声は届かないようです。この原始人が助かると本当に感じるのは、自分の声に反応する仲間の声を聞いたときです。**自分のピンチが仲間に伝わった。その瞬間に大きな安心を感じることができる**のです。

カラオケで一人で歌うのはたしかにエネルギーを発散していい気分になるでしょう。しかし、自分のつらい内面を、信頼できる人に打ち明けることができたときに感じる安心感にはおよびません。

人に話をするということは、表現欲求を満たすだけでなく、その人に自分のつらい状況が伝わったという共感確認欲求を満たすことができる方法なのです。

「自分がピンチだとわかってくれている（知っていてくれる）人がいる」そう感じるだけで、再び闘う力がわいてくるのです。

## 5 直接的なアドバイスは悩みの深い相談者を傷つける

「感情のトラブルの支援が必要なのはわかった。それなら5分間相談でも気の持ちようや考え方についてアドバイスすればいいのではないか」と考える方も少なくないと思います。

たとえば、終わったことは仕方がないから忘れなさいとか、交通事故にあったと思ってあきらめなさい、誰にでもあることで君だけが不幸なわけではないよ、と視点を変えるアドバイスをすることもできます。

あるいは、神様が与えた試練だと思いなさい、子供のためにがんばりなさい、などとはげましたり、旅行に出て忘れなさい、仕事に没頭することで乗り切ったら、などと気ばらしを勧める手もあります。普通の悩みの相談者には、それでもうまくいくかもしれません。

ところが悩みの深い相談者には、この方法ではうまくいかないのです。

悩みの深い相談者に対し、「考え方や感じ方を変えてみろ」というような直接的なアドバイスは、彼らの悩みを余計に深くしてしまう可能性があるのです。

本人自身も、もっと気楽に考えたい、どのようなことでも事実を事実として受け入れ、前向きに考えたい、そう思っています。でもそれができない。それができれば苦労していないのです。

彼らにとって、そのようなアドバイスは「自分の苦しさをわかってくれていない」と理解されます。つまり共感確認欲求をまったく満たさない支援になります。

## 6 悩みの深い相談者の「相談するときの不安」をわかってあげる

悩みの深い相談者は、5分間相談の直接的なアドバイスによって逆に傷ついてしまいます。そのことを理解するには、彼らが、**相談をするときに持つ不安**について知らなければなりません。

それは、

「この人にわかってもらえるだろうか」

「こんなくだらない問題で悩んでいると嘲笑されないだろうか」

「つまらない問題で相談して、わずらわしいと思われないだろうか」

「それぐらい自分で考えろと、叱られないだろうか」

というような不安です。

もともとうつ的思考をする人は、相談するという行為自体にかなり緊張してしまいます。相談は、自分の弱い部分を相手に見せる行為でもあります。鎧《よろい》を脱いだ途端に相手から斬りつけられる可能性があるからです。

だから相談者は、しばらくの間、あなたがどう反応するかを注意深く見守ってしまうのです。というよりむしろ、「この人は自分を攻撃するのではないか」というビクビクした視点で、警戒していると思ってください。

また、うつ的思考には「自分は人の足を引っ張っている。お荷物人間だ」と感じる特徴もあるのですが、その思考からは、「この人に迷惑をかけている。申し訳ない」という気持ちが前面に出てくる場合もあります。

うつ状態になると頭がうまく働かなくなります。すると、実際に相談してもなかなかうまく説明できなくなる。そのことを自分でも自覚して、「自身のことなのにうまく説明できない自分など、この人は馬鹿にして、呆れるかもしれない」などと恐れているかもしれません。

このように悩みの深い人は、相談の前に、すでにさまざまな不安を持ってしまっているのです。そういう状態の相談者は、何気ない一言でも、自分が攻撃されているという文脈でとらえてしまいます。

たとえば、いかに言葉はソフトでも、５分間相談で「こうしなさい」という具体的な解決案や、感じ方、考え方のアドバイスを提示されると、「君がそう感じるのがおかしい」「君は何も努力していない」「君はそんなことも思いつかないのか」という非難するメッセージのように聞こえてしまうのです（図5）。

メッセージは相談を受けるときに最も重要なポイントの一つです。こうしたメッセージについては次章でもっとくわしく説明します。

――第1章の事例3のユミさんは、じつはいろんな過労が重なり、うつ状態に陥っていました。

そういうユミさんにとって、裕子さんの言葉は、はげましというより「あなたは努力してない」「まだまだがんばらなければならない」「あなた自身が変わらなければならない」という、いっそうの努力を要求されるつらい非難のメッセージになってしまったのです。

ユミさんも必死に、どれだけ自分ががんばったか、どれだけこの問題が解決困難なものなのかを、裕子先輩に理解してもらおうとしました。しかし裕子さんは、それを泣き言だと判断して、かえってユミさんを突き放したのです。

仮にユミさんが、（うつ状態でなく）元気な状態だったら、裕子さんのはげましも、受け入れられたでしょう。少しぐらい冷たくされても、それをバネにすることもできたでしょう。しかしうつ状態のユミさんは、「先輩にも迷惑をかけてしまっている。自分などいないほうがいい」と、ますますネガティブな方向に考えてしまいました。

図5. **５分間相談の限界**

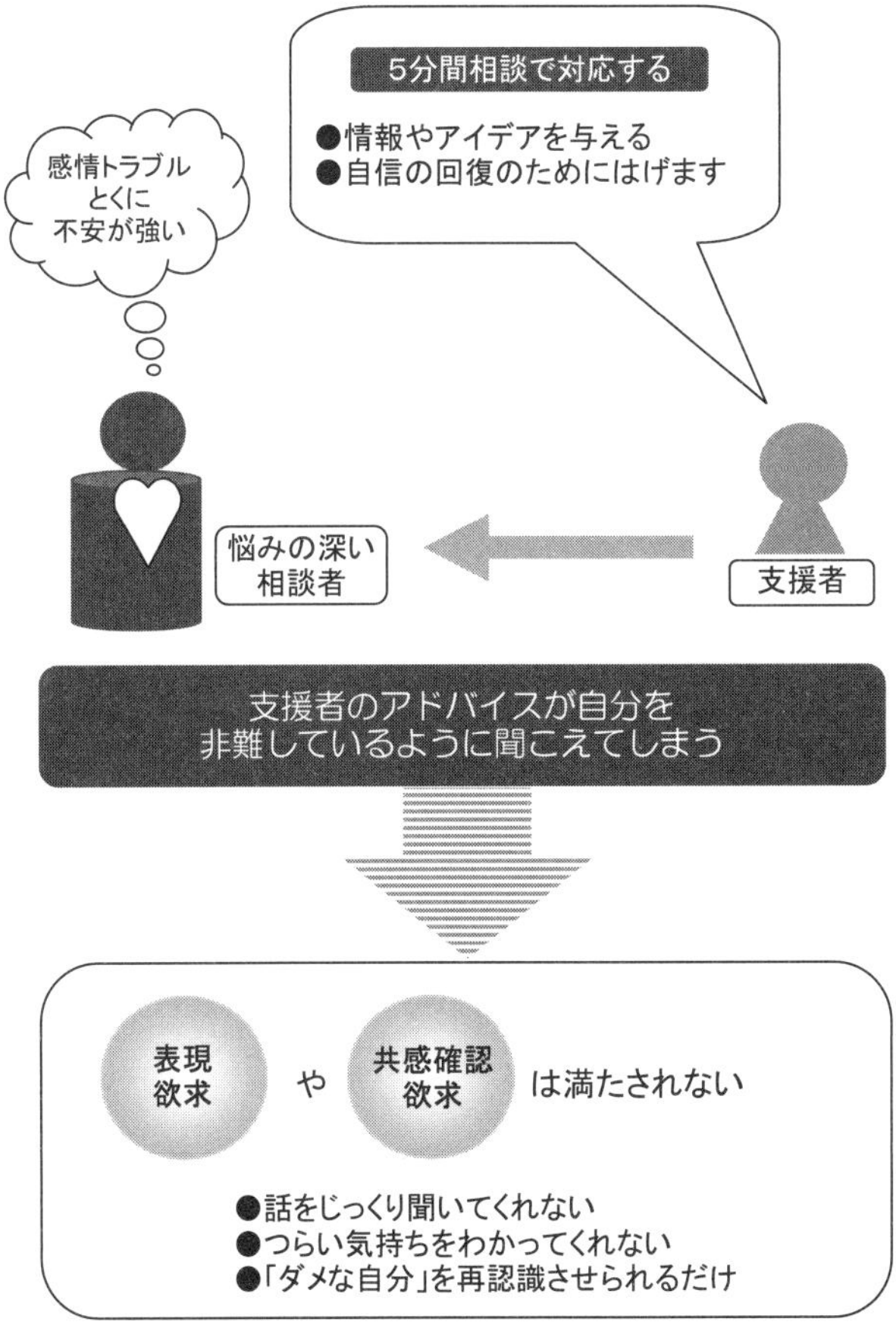
5分間相談で対応する
●情報やアイデアを与える
●自信の回復のためにはげます
感情トラブル
とくに
不安が強い
悩みの深い
相談者
支援者
支援者のアドバイスが自分を
非難しているように聞こえてしまう
表現
欲求
や
共感確認
欲求
は満たされない
●話をじっくり聞いてくれない
●つらい気持ちをわかってくれない
●「ダメな自分」を再認識させられるだけ

悩みの深い相談者には、5分間相談で解決策を提示しても「表現欲求」や「共感確認欲求」は満たされない。感情のトラブルの解消が必要

## 「裏メッセージ」

裕子さんの例のように、一つの言葉が自分の意図しないメッセージとして相手に受け取られることがあります。ある職場でのケースを見てみましょう。

――総務部のある男性スタッフが、十数年前の会社行事の資料を調べていたとき、偶然にも同僚の女性スタッフの写真を見つけてしまいました。

彼は、その女性を褒めるつもりで「○○さん、若い頃はとてもきれいだったんですね」と（本当にそう思って）言ったのです。

周囲の男性陣もその言葉につられて写真をのぞきこみ、「本当だ。すごく可愛い。モデルさんみたいだ」とその女性をはやし立てます。

周囲は彼女が喜ぶだろうと思っていたのですが、彼女は「もうやめてください」とその資料を取り上げて、部屋から出ていきました。察しの良い一人が、「あれ、悪いこと言っちゃったかなぁ」と、気にするのですが、ほとんどの男性は「うれし恥ずかしくて、出ていったんだよ」と無頓着です。

この女性は

「昔はきれいだった、ということは、今はそれほどでもない、ってことを言いたいのね。どうせ今は単なるおばさんですよ。昔の写真を見て、びっくりされるぐらい、太ったし、しわも増えましたよ。何よ、みんなで馬鹿にして。これってセクハラだわ」

と、深く傷ついてしまったのです。

コミュニケーションというものはなかなか複雑です。こちらが思った通りに、相手が受け取ってくれない場合もある。

こちらの表現に配慮がない場合もあるし、相手の受け取り方に癖がある場合もある。いずれにせよ、そのような食い違いが生じることがあるのです。

このようなことを私は**「裏メッセージに取られる」**と呼んでいます。

## 7 普通の相談でも「5分間相談」では失敗する場合がある

さてこれまでの説明を読んで、なるほど5分間相談ではうまくいかない場合があるんだな。でも、元気な人には5分間相談で大丈夫なんだ、とお考えになったと思います。

ところが、実際には「相談してみないとわからない」のです。

一見元気そうに見えても、話してみればかなり不安が強く、柔軟性がなくなっている人はたいへん多いものです。

しかも、相談者自身はそのことに気がついていません。少し悩んでいるけれども、私はいつもと同じ感覚や思考をしていると思っています。

さらに相談者は、自分が悩んでいることをあまり表面に出さない傾向があります。それはそうすることで、自分自身「まだ何とかなる」と思いたいからです。

かなりのうつ状態にある人でさえ、人前では逆に「元気に見せてしまう」ことが多いのです。私はそれを「表面飾り」と呼んで警告しています。というのも、実際にはそのことでさらにうつ状態を悪化させてしまうからです。

いずれにしても、相談者が「普通の悩み」なのか「悩みの深い状態」なのか（次ページ図６）は、プロでも外見だけではなかなかわからないものなのです。

快活で元気な人だと思って話を聞きはじめたのですが、相談が進むうちに、強い不安や硬い思考、さまざまな身体症状などが次第に明らかになり、ついには「死にたい気持ち」まで打ち明けられたなどということは、よくあることなのです。

しかし、これは考えようによってはラッキーです。

あなたは相談を受けるとき、悩みの深さを見分ける必要もないし、それによって相談方法を変える必要もないのです。

つまりどんな相談相手にでも一つの方法、これから紹介する「１時間相談法」で対処すればいいのです。

改まった相談場面では、１時間相談法で対応すればうまくいく。もし相手が普通の悩みの人でも、少々まどろっこしいだけで、それほどその人を傷つけることはないのです。

図6.「普通の悩み」か「悩みの深い状態」か

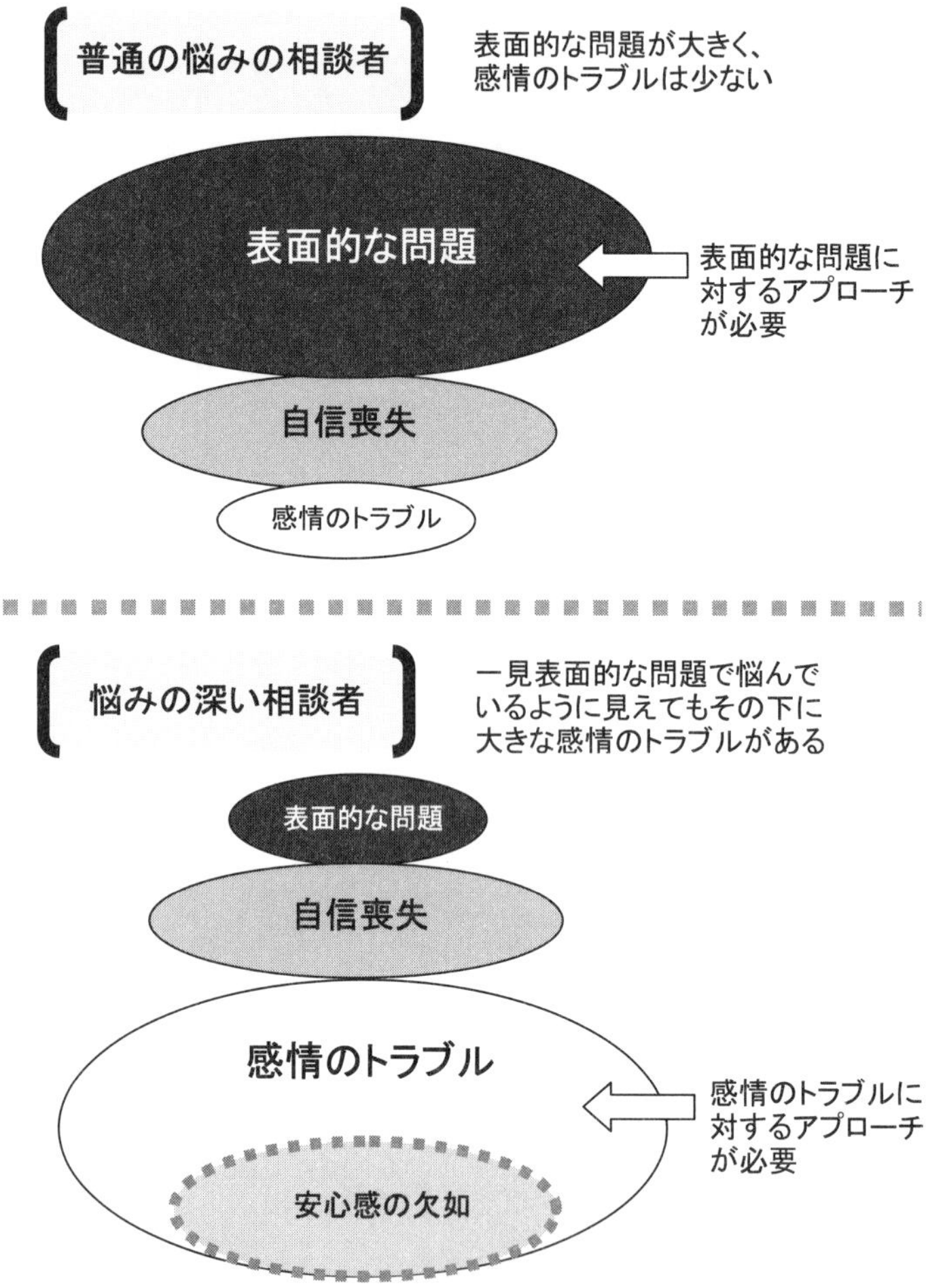
普通の悩みの相談者
表面的な問題が大きく、
感情のトラブルは少ない
表面的な問題
表面的な問題に
対するアプローチ
が必要
自信喪失
感情のトラブル
悩みの深い相談者
一見表面的な問題で悩んで
いるように見えてもその下に
大きな感情のトラブルがある
表面的な問題
自信喪失
感情のトラブル
感情のトラブルに
対するアプローチ
が必要
安心感の欠如

普通の悩みの相談者へは問題点となることの解決策を与え、自信を回復させる「5分間相談」で対応できる。悩みの深い相談者へは、まずは安心感を与えて、感情のトラブルの解消をめざす「1時間相談法」で問題は解決する

## 8 男性が女性の相談を受けるときに注意したいこと

**また1時間相談法は、とくに女性の悩みを支援するときに効果的**です。

原始の時代、男は外に出て独力で行動し、トラブルがあっても自力で対処することが多かったでしょう。そのような男のコミュニケーションは、どうしても具体的な情報のやり取りに偏りがちです。

一方女性は、産前産後の時期は、自力では食料や安全を確保するのが困難だったと思われます。だから、自分と赤ちゃんの欲求（お腹が空いた、寒い、獣に襲われそうだ……）を夫にしっかり伝えることで、自分と自分たちのＤＮＡを守っていく必要があったのです。

さらに男たちが外に出て仕事をするとき、女同士で力を合わせて家を守る必要もありました。そんな女性のコミュニケーションは、自分たちの気持ちをお互いにわかってもらう、つまり表現欲求、共感確認欲求が優先される傾向にあるのです。

逆に言えば女性は、表現し共感することで、エネルギーを回復し悩みから脱出する能力が、もともと男性より高いのです。

男性が女性の話を聞くとき、どうしても男は相手の話を少しだけ聞き、すぐに解決策を提示したくなります。５分間相談のスタイルです。一方女性はそういう男性の対応に対して、ちっとも自分の気持ちをわかってくれないと絶望するのです。

女性にとっての離婚の原因の多くは、「夫が話を聞いてくれない」ということです。これは、この基本欲求を無視することがいかに大きな影響をおよぼすかを物語っています。経済的、物質的な満足があっても、話を聞いてくれない、つまり、自分の苦しさを理解してくれないパートナーと、いっしょにいる価値はない。原始の心がそう判断してしまうのです。

――第1章の事例2で主婦の道子さんは、一週間の自分の苦しみや努力を、夫にわかってほしかったのです。具体的に今何か助けてほしいとか、アイデアがほしいというわけではない。ただ愛する夫に「わかってほしかった」だけなのです。

しかし夫は、なかなかわかってくれようとしなかった。これは道子さんにとってはとても重大なことです。だから道子さんは、「この人とこれからもやっていけるのだろうか」などと心配してしまったのです。

この夫のようにおそらく5分間相談が身についている人にとっては「ただ話を聞く」と

いうことは、たいへん難しい作業になると思います。その作業を上手にこなすコツは（矛盾しているように聞こえるかもしれませんが）、上手に「苦しかったね」とか「よくがんばっているね」などのメッセージを**伝えていく**ことです。次章でくわしく説明しましょう。

キーワード④

## 「支援者癖」

相談を受ける者が陥りやすい、いくつかの癖があり、私は「支援者癖」と呼んで、注意を促しています（65ページ図7）。相談しがいがないと言われる人の中には、自分の癖にまったく気がついていない人も多いのです。次章以降で説明する実践法を行っていく中でも、とくに注意が必要です。

### ▼焦り癖

支援者癖の中でも、いちばん多く見受けられるのは、やはり5分間相談に関わる癖です。

通常、相談を受ける人は5分間相談の癖から無意識にこう思っていることが多いのです。
・相手は自分のことを頼ってくれた。頼りがいのあるところを見せなければならない。
・提示された問題をあっと言う間に解決して、「すごい」「さすがですね」と言われたい。
・「自分は相手の期待に応えられた」と安心したい。自信をつけたい（自信を失いたくない）。

つまり、相手の心を軽くしたいという気持ちもさることながら、自分が相談という課題をいかにうまくやりこなせるか、自分がどう評価されるかが気になり、それがあなたの言動に影響をおよぼしてしまうのです。するとどうしても、まるで時間制限のクイズのように、性急に問題を解決しようとしてしまいます。

### ▼押し付け癖

また5分間相談では、どうしても問題解決に目が向きます。具体的な行動やアイデアの提示です。しかもそれを、一生懸命与えようとする。

もし支援者の提案が相手に受け入れられないとなると、相手から「この人はダメ

## 図7. あなた自身の支援者癖に気づくこと

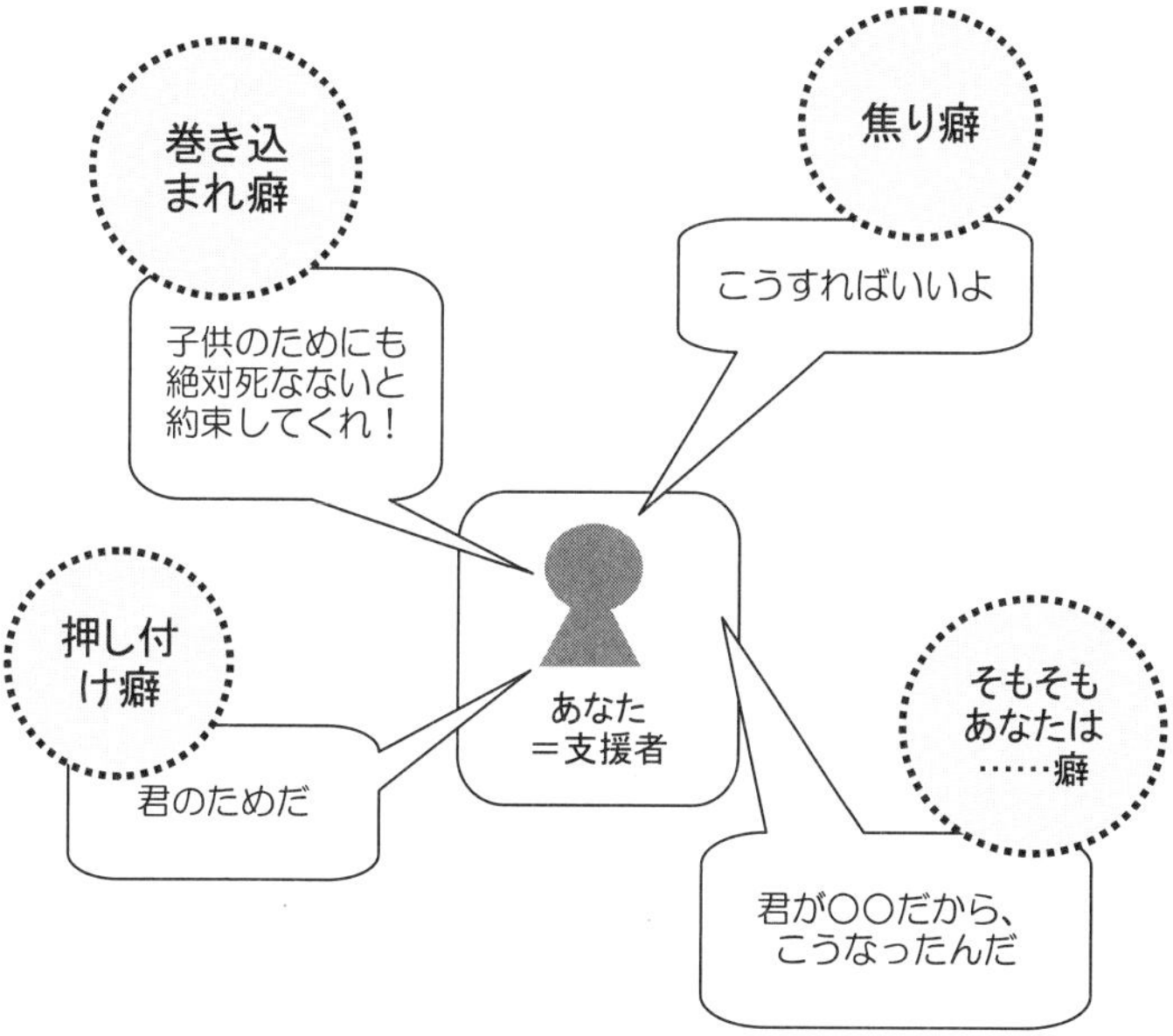
巻き込まれ癖
子供のためにも絶対死なないと約束してくれ！
焦り癖
こうすればいいよ
押し付け癖
君のためだ
あなた
＝支援者
そもそもあなたは……癖
君が○○だから、こうなったんだ

相談者が陥りやすい癖、「支援者癖」に注意する。自分の癖に気づかずに「相談しがいのない人」になっている人が多いだ」と思われているのではないかと感じて、さらに焦ってしまいます。そして自分の提案を、一生懸命擁護する。相手が満足していないと感じるほど、それを繰り返してしまうという悪循環に陥ります。

第1章事例1のお父さんが、この状態に陥っています。相手の話を聞くどころか、お父さんの独演会になってしまいました。

お父さんの例は「押し付け癖」です。説教癖と言い換えてもいいかもしれません。この押し付け癖は「君(相談者)のためだ」という仮面をかぶっているので、支援者本人はなかなか気がつかないのです。

## ▼そもそもあなたは……癖

これは、夫婦や親子、職場の上下関係などのような関わりの強い人の間で生じます。相談を持ちかけられたとき、相手を助けるというより、弱っている相手につけ込んで、日頃から持っていた不満をぶつけてしまうのです。これも「君のため」という仮面をつけます。

日頃から、この人のここが良くない(気に食わない)と思っているところがあるとしましょう。なかなかそれを言い出せないでいた。つまりがまんしていたのです。

相手がたまたま失敗したり、相談してきたのを良いタイミングととらえ、「そもそも、君が○○だから、こうなったんだ」と指摘するのです。弱って自分を頼ってきた今なら反発されることはない、受け入れてもらえる、という計算があります。

しかし、弱っている人はとても敏感になっています。あなたの心の底にある「少しの意地悪」をすぐに見破って、防御の姿勢に入ってしまうのです。これでは相談者の悩みは軽くなりません。

## ▼巻き込まれ癖

もう一つよく見られる支援者癖は、「巻き込まれ癖」です。

相談者の苦しい状態を聞いて、あなた自身が非常に焦って不安になってしまう。たとえば「もう死んでしまいたい」などと打ち明けられたときです。

あなたは、自分の不安をなんとかしたくて、相手の口から「絶対に死なない」という言葉を引き出すために、さまざまな努力をします。

どの支援者癖も、その努力によって相談者の心が明るくなるかどうかよりも、自分自身の心を少しでも落ちつけたい、というのが本音になってしまっています。

もちろん相手を思う気持ちがなくなってしまっているわけではありませんが、自分の気持ち中心になってしまうと、どうしても相手に対する十分な支援ができないのです。結果として、「相談しがいがない」という、あなたが最も避けたいと思っていた評価をいただくことになるのです。

# 第3章

# どんな言葉をかけたらいいか
## ――効果的なメッセージの与え方

**●はげますより、まずは相手の苦しさを理解する**

人を勇気づけるということは、単純に「がんばれ」とはげますことだけではありません。勇気づける言葉には、「自力でがんばる」という気力を起こさせるためのメッセージ（**「がんばれ」系メッセージ**）と、「よくやった。あとは守ってやる」という安心を与えるためのメッセージ（**「守ってやるよ」系メッセージ**）があります。この二つのグループのメッセージを順番を間違わず、相手に上手に伝えなければなりません。

## メッセージコントロールカウンセリング

1時間相談法とは、主に相談者の感情のトラブルを支援することによって、自信とエネルギーを回復させ、具体的な問題に目を向ける勇気を与えようとするものです。

感情のトラブルに対処し、自信を回復させるためには、すでに紹介した表現欲求と共感確認欲求を満たすことと、もう一つ重要なポイントがあるのです。それは勇気づけるためのメッセージを上手に伝えていくことです。

そこで、1時間相談法の具体的なステップに進む前に、メッセージについて触れておきましょう。

これまでのカウンセリング理論では、カウンセラーが相談者に対して、どのようなメッセージを与えるかについて、あまり注目されてきませんでした。

しかし、ストリートカウンセラーを自負する私は、さまざまな経験を積むうちに、これまでのカウンセリング理論で強調されてきた内容より、カウンセラーが与えるメッセージのほうが、カウンセリングの効果におよぼす影響が大きいと、感じるようになったのです。

それから私は、メッセージについて考え、自分なりに工夫してきました。だから、私は自分のカウンセリングを**「メッセージコントロールカウンセリング」（次ページ図8）**と呼んでいます。

メッセージコントロールカウンセリングでは、相談者を勇気づけるにはどのようなメッセージが必要なのかを考え、それを上手に伝えていきます。

本書で紹介する1時間相談法では、悩みの深い相談者が必要としているメッセージを、不安の強い彼らでもスムーズに受け取ることができる順番で提示していきます。

メッセージコントロールとは、メッセージの内容や順番だけに気をつけるものではありません。

自分が出しているメッセージに気づくことも大切な要素です。自分では意識せずに、相談者を傷つけるメッセージを出していることが案外多いのです。

自分が伝えたかったメッセージ以外のメッセージを相手に受け取られてしまうミスが、56ページで紹介した「裏メッセージ」に取られてしまうということです。

図8. **メッセージコントロールカウンセリングとは**

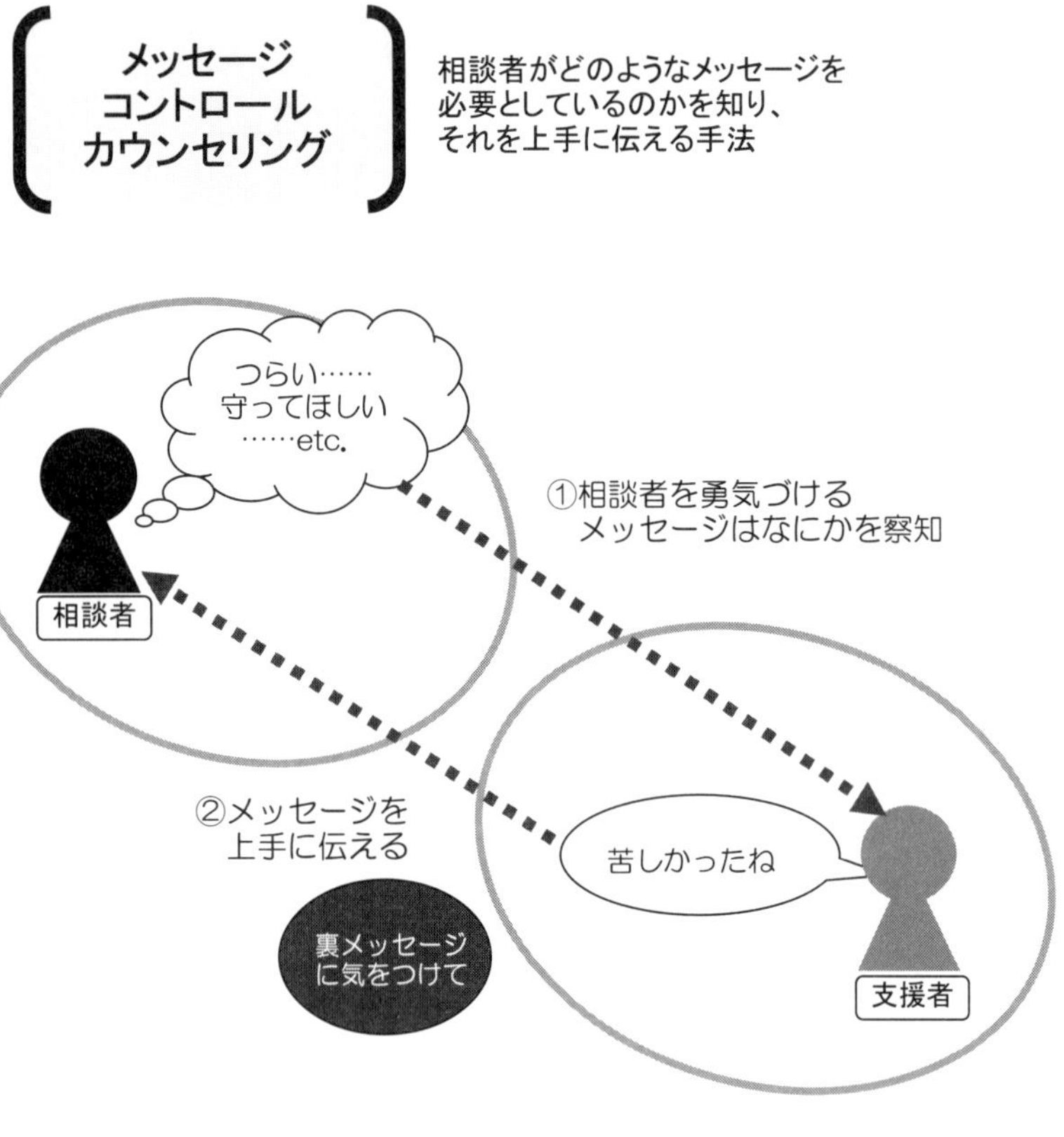
メッセージ
コントロール
カウンセリング
相談者がどのようなメッセージを
必要としているのかを知り、
それを上手に伝える手法
つらい……
守ってほしい
……etc.
相談者
①相談者を勇気づける
メッセージはなにかを察知
②メッセージを
上手に伝える
苦しかったね
裏メッセージ
に気をつけて
支援者

## 2 「がんばれ」だけでは勇気づけられない!

さて、人を勇気づけようとするとき、私たちはどんな言葉（メッセージ）をかけるでしょうか。

・「たいしたことないよ、君ならできる」（はげまし）
・「みんなも耐えてる、踏ん張りどころだよ」（はげまし）
・「こういう考え方もあるよ」（新しい視点）
・「こうすれば、うまくいくよ」（提案）
・「君のここが問題だよ、こうすればいいよ」（解決法）
・「そうなってしまうのも無理もないよ」（反応への評価）
・「すごいね、うまくやっているよ」（能力の評価）
・「今のままでいいよ」（努力と能力への評価）

・「たいへんだったね、つらかったね」（共感）
・「とてもがんばっているね」（努力への評価）
・「きっと何とかなるよ、誰か助けてくれるよ」（慰め）
・「完全にできなくても当たり前だよ」（許し）
・「君のせいじゃないよ、君は悪くないよ」（責任を否定）
などのメッセージです。

じつはこれらのメッセージは、大きく二つに分けられます（図9）。

前半のメッセージは、相談者に「自力でがんばる」という気力を起こさせるためのメッセージ（**「がんばれ」系メッセージ**）です。後半のメッセージは、「よくやった。あとは守ってやる」という安心を与えるためのメッセージ（**「守ってやるよ」系メッセージ**）です。もう少し違う言い方をすると、前半のメッセージは**自力で闘うためのメッセージ**、後半のメッセージは**他からの援助を保証するメッセージ**なのです。

一般的に人を勇気づけようとすると、自力メッセージを与えるでしょう。5分間相談では、このメッセージが主体です。たしかに、はげまされてやる気や力がわいてきた、という経験を持つ人も多いと思います。

図9. **勇気づけるためのメッセージ**

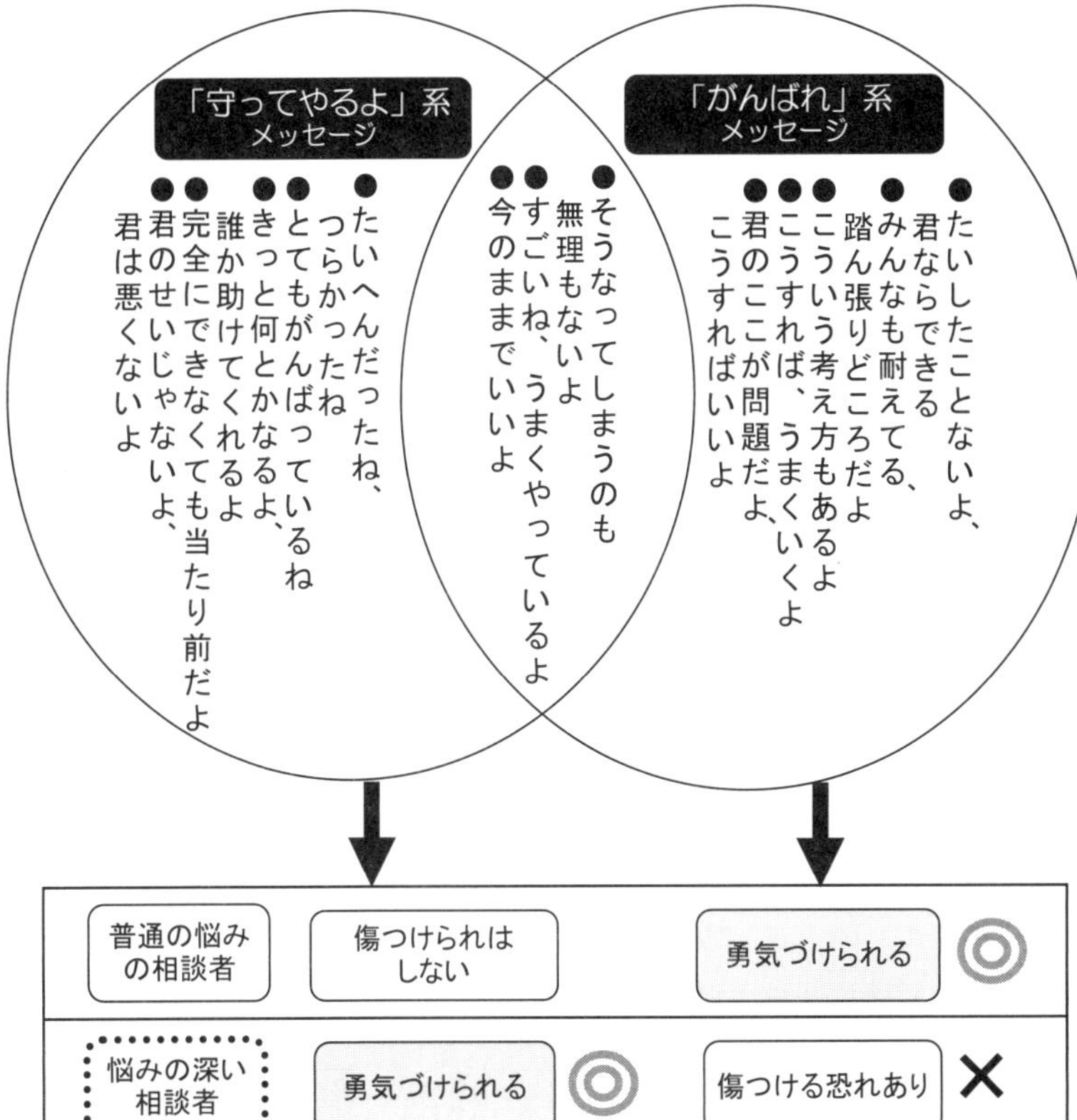
「守ってやるよ」系
メッセージ
●たいへんだったね、
つらかったね
●とてもがんばっているね
●きっと何とかなるよ、
誰か助けてくれるよ
●完全にできなくても当たり前だよ
●君のせいじゃないよ、
君は悪くないよ
●そうなってしまうのも
無理もないよ
●すごいね、うまくやっているよ
●今のままでいいよ
「がんばれ」系
メッセージ
●たいしたことないよ、
君ならできる
●みんなも耐えてる、
踏ん張りどころだよ
●こういう考え方もあるよ
●こうすれば、うまくいくよ
●君のここが問題だよ、
こうすればいいよ
普通の悩みの相談者
傷つけられはしない
勇気づけられる
◎
悩みの深い相談者
勇気づけられる
◎
傷つける恐れあり
×

悩みの深い相談者は「守ってやるよ」系メッセージによって勇気づけられるが、
「がんばれ」系メッセージによって傷つけられる恐れがある

＊「がんばれ」系と「守ってやるよ」系の重なる部分は中間メッセージ（くわしくは142ページ）

自分が勇気づけられた経験があるから、それを相手に伝える。だから、悩んでいる人に接すると、どうしても「がんばれ」系メッセージを出してしまいがちになるのです。

元気な人が普通の悩みの相談者を支援する場合は、これでうまくいきます。

しかし悩みの深い相談者に対しては、うまくいかない。自分の考えを押し付ける支援者癖になってしまうのです。

悩みの深い相談者にうまく対応するには、1時間相談法で臨みます。

1時間相談法では、**「がんばれ」系メッセージを与える前に、まず「守ってやるよ」系メッセージを与える**のです。これが、1時間相談法の最大のポイント（コツ）だと思ってください。

もしあなたが、溺れかけているとしましょう。岸から「もっと腕をあげて、しっかりバタ足をして泳げ。あの岸の方向に向かって泳げ」と言われたら、どうでしょうか。

溺れているときに、「大丈夫だ、君なら乗り越えられるぞ」とか「いい泳ぎだ。もう少しだからがんばれ」などと言われたら、どう感じるでしょうか。

まったく状況に合わないメッセージに対し、あなたは怒りを感じるでしょう。

溺れている人に必要なのは、そんなアドバイスよりまず浮き輪を投げてあげることです。息がつけたら、そこで初めてどの岸に向かって進めばいいのか、などのアドバイスが受け入れられるのです。

悩みの深い相談者は、この溺れている状態だと考えてください。もう一人で乗り越えることが難しいと、相談者の深層心理が叫んでいるのです。

周囲の人は、「この池はそれほど深くないから、足がつくはずなんだが」と思っていても、溺れている人は、そんな冷静な判断ができません。それと同じように、客観的な状況だけを見て、「それほど切羽詰まっていないはずだ」と判断してはいけないのです。問題を抱えて、本人的には「溺れて」いるのです。

だからまず、溺れている人には「浮き輪を投げる」（「守ってやるよ」系メッセージを与える）という手順を踏むのです。

## 3 まずは安心感を与えるメッセージから

1時間相談法では、「がんばれ」系メッセージを出さない、というわけではありません。「がんばれ」系メッセージの前に「守ってやるよ」系メッセージを出すというだけのことです。

しかし、実際にはこれがなかなか難しい。

どうしても、5分間相談の癖で問題解決を急いでしまうだけでなく、「守ってやるよ」とは簡単には言えないと思ってしまうからです。「守ってやる」なんてそんな無責任なことは言えない、と感じる部分と、「守ってやる」と伝えると、相談者のやる気がなくなって、もっと事態が悪化するのではないかという懸念があるからです。

しかし、それはあくまでも元気な人（あなた）の感じ方、考え方です。

悩みの深い人は、エネルギーが低下し不安が強くなっています。そういう人に「自力でもっとがんばれ」と言っても、なかなか伝わりません。

悩みの深い人の相談を受けるときには、いきなり「がんばれ」とは、言わないほうが良いのではなく、言ってはいけないのです。5分間相談の部分でも解説したように、悩みモードやうつ状態の相談者は、不安が強いために「がんばれ」系メッセージをほぼ確実に裏メッセージに取ってしまうからです。

ということは、あなたがそのメッセージを出せば出すほど、相談者はあなたから「攻撃されている（責められている）」と感じてしまいます。敵から攻撃されているのなら、相談者は自分を守るために、もっと頑《かたく》なになります。けっして自分の心が明るくなるような柔軟な思考は生まれません。

それよりもまず、誰かが自分のことをよくわかってくれている、もしこれ以上苦しくなったら誰かが守ってくれる、という安心感を持ってもらうのです。すると不安が少なくなり、自分を守るために使っていたエネルギーを問題のほうに向けることができるようになります（エネルギーの回復感）。結果的に、相談者は現実に向き合う勇気を持てるようになるのです。

１時間相談法は、５分間相談の場合と同じように、相談者を勇気づけようとするものです。ただ、悩みの深い相談者でも受け入れられるような**メッセージの順番と、安心を与えるためのゆったりした時間の使い方（時間が癒す）に特徴がある**のです。

この部分はとても重要なので、トラの赤ちゃんが初めて狩りをするときの様子を使って、このことをもう少し説明しましょう。

トラの赤ちゃんが、いよいよ自分一匹だけで狩りに出かけます。穴グマを見つけました。首尾よく追いつめたのですが、小さな穴に潜り込まれてしまいました。トラの赤ちゃんはその穴に鼻をつっこみます。

すると、必死な穴グマは赤ちゃんトラの鼻に噛みついたのです。

赤ちゃんトラは、びっくりしたのと痛いのとでパニックになり、泣きながらお母さんトラのもとに駆け戻りました。

お母さんトラは、赤ちゃんの鼻の頭をペロペロとなめてあげます。お母さんに身を寄せて泣いていた赤ちゃんトラは、しばらくはお母さんの周りを離れようとしませんでしたが、そのうちにまた、少しずつ自分で行動するようになり、別の獲物を追いかけるようになるのです。

お母さんトラは、何をしてあげたのでしょう。

お母さんは、赤ちゃんトラに「安心の基地」を与えてあげたのです。

「痛かったね。よくがんばったね」、そう言って（トラはしゃべりませんが……）赤ちゃんトラの鼻をなめてあげていたのです。自分には、守ってくれる者がいる、そう実感できて初めて赤ちゃんトラは、また自分で戦う気力がわいてくるのです。

先に、悩みの深い相談者は溺れている状態だと表現しましたが、「安心の基地」を失いかけていると考えてもいいと思います。

人を勇気づけるということは、単純に「がんばれ」とはげますことだけではありません。「安心の基地を与えてあげる」という方法があるのです。

そして今あなたがトレーニングしようとしている「相談場面」では、圧倒的にこの「安心の基地を与えてあげる」という方法が重要になってくるのです。

## 4 「人」がメッセージを与える意味

私が、ことさら「相談場面で」と断っているのは、人間以外のものからメッセージをもらう場合は状況が少し異なってくるからです。

たとえば、うつ状態で自力で動けないような人でも、本や映画からは、「がんばれ」系メッセージを素直に受け入れることができるのです。

ある人は、「人生に意味のない苦しみはない。人生というフルコースを味わうには、スパイスが必要」という歌詞にはげまされて、苦しい時期を乗り越えることができました。

しかし、同じような言葉を友人から言われたときには、「そんな簡単なものじゃない」と言い返してしまったのです。

またあるうつ状態の人は、「病気を治すのは自分自身の力だ」（「がんばれ」系メッセージ）という本の言葉は、素直に受け入れられたものの、同じ言葉を医師から告げられたとき、ひどく突き放された印象を持ち、孤独感や絶望感が強くなったのです。どうしてでしょう。

本は、直接あなたを助けてくれません。ところが、人が相談するとき、つまり人に向かって苦しさを訴えるとき、相談者が意識していなくても、「この人に守ってもらえるかもしれない」という希望が働くのです。その「人」から「がんばれ」系メッセージだけを伝えられると、この人には「守ってもらえない」と感じてしまうのです。

これは、相談者が「弱い」ということを意味しているのではありません。第2章で述べたように、もともとヒトは助け合って生存競争を生き延びてきました。つまりピンチのときに他人の援助を求めることで生き延びてきた動物なのです。

ピンチになればそこにいる「人」に助けを求めるのはいわば本能なのです。ボールが飛んできたら思わず目をつぶってしまう。それと同じレベルで、人に相談するときは、自分の苦しい状態を相手にわかってほしいし、守ってもらいたいという欲求がわいてしまうのです。

お腹が空いていないときでも、他人が食べているとおいしそうに見えてくる。理屈ではなく、そういう本能的な部分で、守ってもらいたいという無意識が働くのです。

だから、相談場面では、まずこの無意識の欲求を満足させて、落ちつかせる必要があるのです。

といっても、この欲求がその後の相談者の行動すべてをコントロールするわけではありません。欲求はいったん満たされれば満足してしまいます。そして冷静な自分に戻り、次の行動に移ることができるのです。

のどが渇いている人に、仕事の話をしても耳に入りません。まず水を飲ませてあげます。その人がいつまでも水をほしがるわけではなく、コップ数杯の水で満足し、仕事に集中できるのです。

これと同じように、相談者に最初に「守ってやるよ」系メッセージを与えても、相談者が完全にあなたに依存してくるわけではありません。

もちろん、本当にエネルギーが枯渇した場合ならそういうこともあります。ただ現実の相談場面では、「守ってやるよ」メッセージを最初に与えたからといって、相談者のやる気や気力がなくなるケースは、きわめてまれだと思って結構です。

## 5 メッセージは言葉で伝えるだけではない

では、どのようにメッセージを与えればいいのでしょう。

いちばん手っ取り早いのは、そのまま言葉で伝えるという方法です。

後で紹介する五つの重要なメッセージを、そのまま言葉で表現するのです。

もちろん、自分で少し言い換えてもいいですし、違う言葉を使ってもいい。要はそのようなニュアンス（意味合い）が伝わればいいのです。

あまり器用でない人は、そのメッセージのタイトル通り口にしてみてください。

「それはたいへんな問題だね」**（「守ってやるよ」系メッセージ）**

「それは苦しかっただろうね」**（「守ってやるよ」系メッセージ）**

「よくがんばっているね」**（「守ってやるよ」系メッセージ）**

「体調が悪くなっても、無理もないよ」**（中間メッセージ）**

「善戦していると思うよ」**（中間メッセージ）**

これは、一見簡単なように思えます。ところが実際の相談場面では、そういうメッセージ（言葉）を言えばいいとわかっていても、なかなかそれができないのです。

それは、前に説明した「守ってやるよ」系メッセージが、相手を弱くしてしまうのではないか、相手が行動を変えなくなるのではないか、自分がすべての面倒を見なければならなくなるのではないか、などの不安が、あなた（相談を受ける者）に生じるからです。

とくに、利害関係がある家族や職場の上下関係などの相談においては、相手の言い分を百パーセント認めるということは、なかなかできません。この五つのメッセージを言ったからといって、相手の言い分を完全に認めるということにはならないのですが、それでも自分の立場を弱くしたくないという思いから、なかなか相手の苦しい状況に共感できない、優しくなれない自分がいるのです。

ここは、理性で乗り越えてください。私を信じて、この五つのメッセージを伝えてあげてください。すると相談者の心に変化が訪れます。

あなたがおびえて、防衛的になっていては、けっして相手の心も変わりません。

もう一度「守ってやるよ」系メッセージの重要性を読み直してください。

「メッセージを伝える」と聞くと「俺は口下手だから……」と尻ごみする人がいるかもしれません。たしかに、メッセージを直接言葉にしただけだと、どうも不自然な感じがするし、同じことを何回も繰り返すと、逆に「口先だけで何もわかってくれていない」と裏メッセージに取られてしまいます。そこで、私のカウンセリングセミナーでは「言葉以外」で、多くのメッセージを伝えるように訓練しています。

心理学では有名な「メラビアンの法則」というものがあります。

アメリカの心理学者メラビアンの実験によると、人が何かを伝えようとする場合、言葉そのものによって伝えられる情報はわずか七％。音声情報（声の高さ、大きさ、速さなど）で伝わるものが三八％。残りの五五％は身振りや手振り、表情、行為、雰囲気などで伝わるといいます。

私のカウンセリングの経験からも、この配分は納得できるものです。

ある人が、あなたの贈ったプレゼントに対してメールで（絵文字もなく）「ありがとう」と送ってきたとしましょう。あなたはそれを文面通り受け取るしかありません。

ところが電話の場合はどうでしょうか。「ありがとう」という言葉の響きや間から、相手が本当に喜んでいるのか、それとも迷惑がっているのか、ある程度の予想をつけることができます。これがもし、直接会って伝えられた言葉なら、そのときの相手の表情や視線、プレゼントの扱い方などから、もっと多くの情報を得ることができるのです。

これをメッセージの立場から見ると、あなたが相談者に与えるメッセージは、表面的な言葉で伝えられるのが一割程度。九割は全体的な態度で伝わるということです（図10）。

## 図10. メッセージの伝え方は言葉だけではない

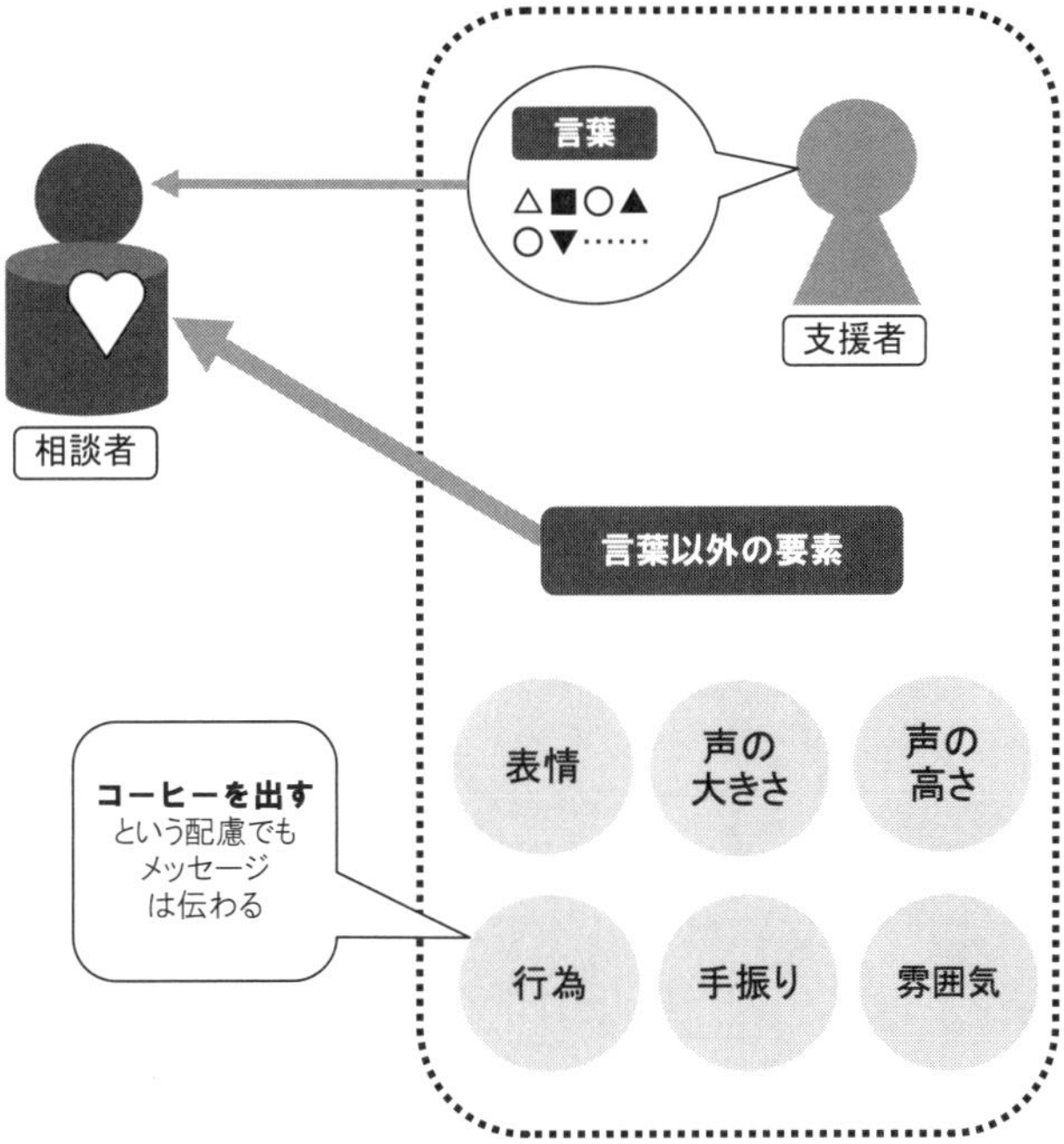
言葉
△■○▲
○▼……
支援者
相談者
言葉以外の要素
表情
声の大きさ
声の高さ
行為
手振り
雰囲気
コーヒーを出す
という配慮でも
メッセージ
は伝わる

表面的な言葉が伝えるメッセージは1割程度。言葉以外の要素が伝えるメッセージは9割程度さらに言うと、言葉で〝あるメッセージ〟を出そうとしていても、その他の九割から違うメッセージが出ていれば、相談者は後者のメッセージを強く受け止めてしまいます。

私のカウンセリングコースでは、メッセージコントロールの重要性について、くどいほど強調しています。メッセージコントロールとは、メッセージを与える順番に気をつけるだけでなく、自分が出しているすべてのメッセージをコントロールして、相手のプラスになるメッセージとして与えるということでもあります。

単に「守ってやるよ」と言っても、姿勢や視線、声の高さや大きさ、尊大な態度などから、相手を傷つけるような雰囲気が出ているとすれば、警戒心が強くなっている相談者は必ずそれをマイナスメッセージのほうに受け取ってしまいます。

ですから、あなたは、努めて相手に誤解されないような明確なメッセージを、言葉だけではなく、体や態度から出していく必要があるのです。

言葉以外のメッセージの伝え方は、これから技法や心構えを紹介する場面で、具体的に説明していきます。

# 6「1時間相談法」三つの実践ステップ

1時間相談法とは、相手の感情のトラブルへの対応を主体に支援する方法です。不安にとらわれる相談者に信頼してもらい、相談者の表現欲求、共感確認欲求を満たすためには、どうしてもある程度の時間がかかります。五分で終わるものではありません。

しかし、もしあなたが単に聞き続けることに終始してしまうと、相談者の頭が刺激不足でうまく働かず、自力で立ち上がろう、問題を具体的に考えようという気力がわかなくなってしまうことがあります。

そこで私は、相談を受ける一つのパターンとして、味方になり、自信を回復させ、問題解決のヒントを与えるという三段階（おおよそ一時間）で相談を受けるスタイルを提唱しています。

これは、あくまでも一つのパターンです。しかし、相談に慣れていない人はまずこのパターンを練習してみてください。

まず初めは、**「相談者の味方になる」**という段階です。

悩みの深い相談者は、（あなたはそう感じていなくても）あなたのことを「敵かもしれない」と思っているのです。あなたにとっては、かなりマイナスの立場からのスタートです。

「相談をされるのだから、自分の言うことを受け入れるつもりがあるのだろう」などと、プラスの立場から始めようと思っていると、大きなギャップに遭遇します。

そこで、まず「相談者の味方になる」ということを意識してください。

第1章の事例は、ほとんどの場合、相談者の味方になれなかったケースです。たとえ一時間、相談を受けたとしても、味方になれなければ、相手にとっては「攻撃された（わかってもらえなかった）」苦痛の一時間になってしまいます。だから、相談にもならなかった、という印象を持たれるのです。

味方になるには、まずは安心を与えるのです。「攻撃しない時間」が必要です。少なくとも三〇分は、この作業に時間をかけるつもりでいてください。

だんだん「敵ではない」ことを認識してもらったら、相談者の持つ感情のトラブルを支援することができます。

味方になる段階の支援の方法は、表現欲求と共感確認欲求を満足させること、「守ってやるよ」系メッセージを与えることです。

次は、**「自信を取り戻させる」**という段階です。

具体的な問題を早く吟味したいところでしょうが、通常相談者は「相談するテーマそのもの」に悩んでいるというよりも、物事をうまくやりとげられない自分や、感情や行動をコントロールできない自分に対して、自信を失っている（自己嫌悪）場合が多いのです。そして自分を責めています。そういう気持ちに対して、「君だけが特別に弱いわけではないよ。誰だってそうなるよ。むしろこの状況の中でよくがんばっていると思うよ」というメッセージを与えて、自信を回復してもらうのです。

この段階までいくと、相談者の持っている根本的な不安や焦りがだいぶ解消されてきます。するとようやく、エネルギーを「自分を守ること」から「問題をどうとらえるか、どう解決していくか」という方向に向けることができるようになります。

メッセージコントロールの視点から言うと、このステップは「守ってやるよ」と「がんばれ」の両方の性格を持つ「中間メッセージ」を与えることになります。

そして最後に**「解決のヒントを与える」**という段階に入ります。

相談慣れしていない人が相談を受けると、いきなりこの第三段階から入ってしまいます。しかも、新たな情報や解決法、考え方を提示するという支援の方法に偏りがちです。5分間相談の癖です。

しかし1時間相談法では、問題解決に際しても、5分間相談とは少し違う方向で支援します。それは「相談者の頭を働かせる」という支援です。

また、あくまでも相談者が「できる」ことを探し続ける姿勢も重要なポイントです。考えを広げるために要約・質問、アドバイスをしたり、シミュレーションを手伝うことで支援します。この段階は、問題解決がテーマになりますので、メッセージ的には、「がんばれ」系メッセージを与えます。裏メッセージに注意しながら進めていきます。

これらの三段階を一時間で終わらさなければならないというものではありません。また、必ずすべてを実施しなければならないというものでもないのです。第一段階だけで、あるいは第一・第二段階で、相談者が元気になり、その後の支援が必要なくなることも多いのです。

ではこれから具体的な方法を説明していくことにしましょう。

図11. **１時間相談法の３つのステップ**

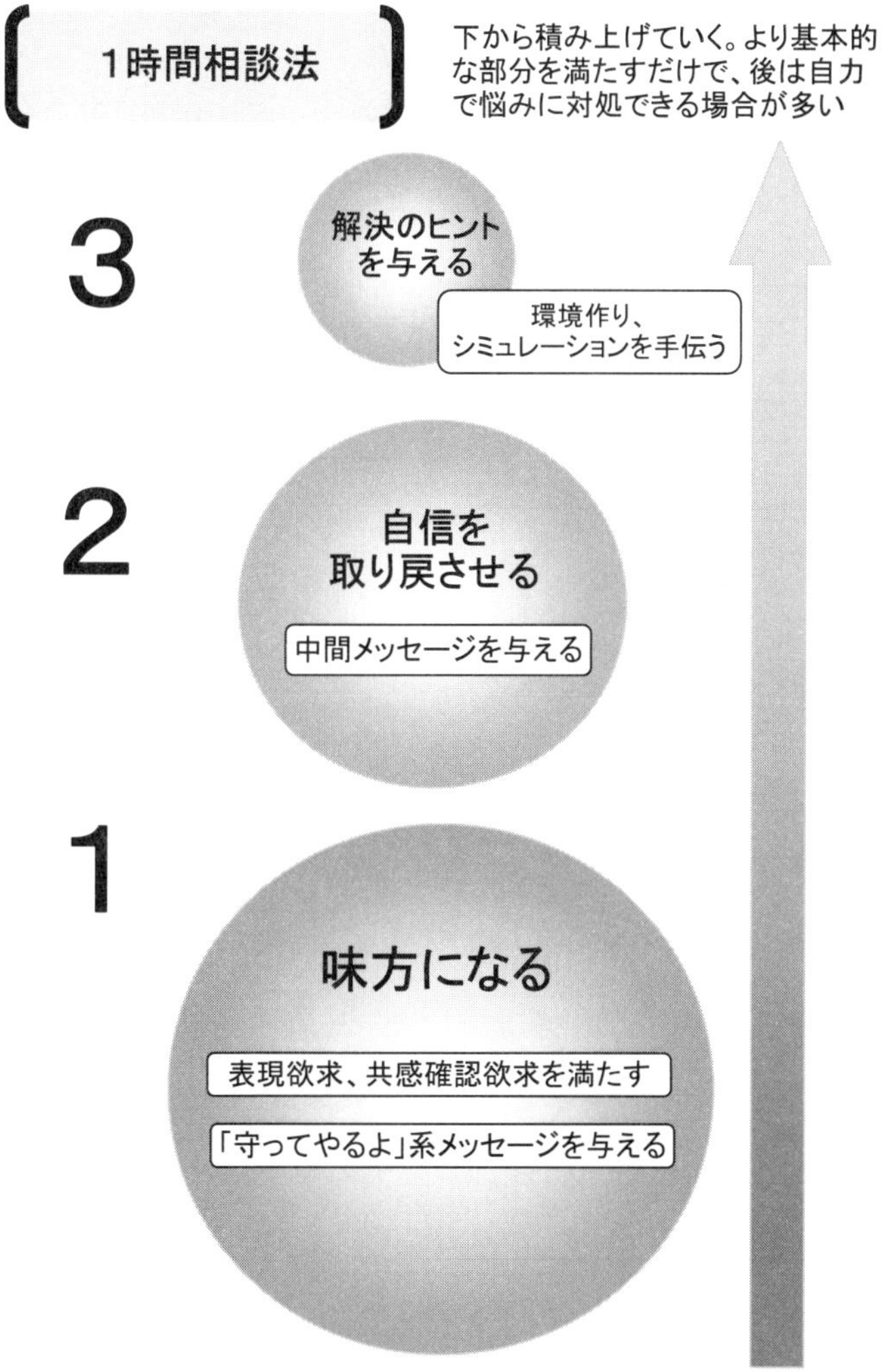
1時間相談法
下から積み上げていく。より基本的な部分を満たすだけで、後は自力で悩みに対処できる場合が多い
3
解決のヒントを与える
環境作り、シミュレーションを手伝う
2
自信を取り戻させる
中間メッセージを与える
1
味方になる
表現欲求、共感確認欲求を満たす
「守ってやるよ」系メッセージを与える

# 第4章
# 実践ステップⅠ　相談者の味方になる

## ●まず三〇分、徹底的に聞くことから

味方になるには、まずは安心を与えるのです。「攻撃しない時間」が必要です。少なくとも三〇分は、時間をかけるつもりでいてください。「敵ではない」とわかってくると、相談者の持つ感情のトラブルを支援することができるのです。味方になる段階の支援の方法は、「守ってやるよ」系のメッセージ（＝「それはたいへんだ」「苦しかったね」「よくがんばっているね」）を与え、表現欲求と共感確認欲求を満足させることです。

## 1 相談者の味方になるメッセージ

### メッセージ0 「それはたいへんだ」

「それはたいへんだ」というメッセージは、相談者に対して〈だから私はしっかり聞きますよ〉というあなたの態度を表すものです。

たいへんな問題でなかったなら、あなたはきっと集中して話を聞かないでしょう。ですから、まず「たいへんな問題ですね」と表現し、身を乗り出して相手の話に耳を傾けてください。

このメッセージの重要さは、それだけではありません。

通常、相談するという行為は、なんとなく「いけないことをする」という感じを持っている人が多いものです。

われわれは、成長の過程で早く自立することが望まれています。「ひとりでやれ」「やり遂げろ」「何でも人に頼るな。まず自分で考えろ」などと言われて育ってきました。相談することや人を頼ることは、大人になるにつれ、できるだけ少なくするように教育されているのです。

また、現代社会は競争社会。相談することは、弱みを見せること、弱点をさらすこと、弱音を吐くこと、ととらえている人が多いのです。そのような人（男性に多い）は相談することを、競争社会で負ける恐れがある「いけない行為」と感じているのです。

これらの背景から、現代人は誰かに相談するとき、もしかしたら「嘲笑される」「あきれられる」「叱られる」「わかってもらえない」とおびえているのが普通だと思ってください。

相談者があなたの前に現れるとき無意識に「この人は自分を攻撃するかもしれない」といううっすらとした恐怖を抱えているのです。何か悪いことをした子供が職員室に呼ばれるような雰囲気です。そのことが嫌で「私は悩んでもあまり人に相談しない」という人も多いのです。

悩みの深い相談者は、この傾向がなおさら強くなります。うつ状態が悪化し、苦しめば苦しむほど、相談しなくなるという奇妙な現象があるのです（43ページ図3参照）。

そこで、相談者の持つこの不安を取り除くことから、相談を開始します。

**初めに行うのは、相談内容に対して「たいへんな問題だ」と言ってあげること**です。

相談者は「つまらない問題なんですけれど」「たいしたことがない問題なんですけれ

ど」と前置きをするかもしれません。あるいは、「別に深刻に悩んでいるわけではないのですが」と言う人もいるでしょう。「相談をする」というなんとなくの負い目から「お前、そんなくだらないことで悩んでいるのか、弱いヤツだなぁ」などと言われたときのための、予防線を張っているのです。

この不安な心理を一掃するのが「それはたいへんな問題だなぁ」という態度です。そういうリアクションをしてもらうと、相談者は「やはりこの問題は相談してもいい問題だったんだ。くだらない問題だと否定されずに良かった」と安心することができます。

これが、**味方への第一歩**なのです。この態度は、次の「苦しかったね」「よくがんばっているね」というメッセージを与えるための布石になります。

## メッセージ1 「苦しかったね」

これは、問題の手ごわさに関するメッセージです。

困った困ったという人をはげまそうとするとき、私たちは「大丈夫だよ、何とかなるよ」「たいしたことないよ」と言ってはげましがちです。これは「がんばれ」系のはげまし方です。

「守ってやるよ」系のメッセージでアプローチする場合は、まったく違う対応、「苦しかったね」というメッセージを与えます。先の「それはたいへんだ」は単なる導入のためのメッセージですが、これは、「君が置かれている状況は、客観的に見ても苦しい状態だ」とあなたが認識しているということを相手に伝えることができるメッセージです。

苦しい状態であることが伝わらないと、相手は救援行動を起こしてくれません。これでは共感確認欲求が満たされません。

たとえ相談者が「たいへんな事態」でとても「苦しい状況だ」と訴えても、あなたがたいしたことないと判断すれば、「相談者が大げさに言っている」「相談者は弱虫だ」、だから「助けてやる必要もない」「その根性をたたきなおす必要がある」などと考えてしまいがちです。これでは効果がないどころか、せっかく勇気を出して自分の弱みを打ち明けた相談者が、逆に「責（攻）められる」ことにもなるのです。

相談者はいかに自分が苦しい思いをしているか、いかに状況がたいへんなのかをわかってもらうために、必死に説明します。相談者にとっては、このメッセージをもらえるかどうかは、あなたが味方になるか、敵になるかの大きな分岐点になります。

逆にこのメッセージを与えるだけで、相談者が大きい安心感を得ることができる場合もあります。

コラム

## プロでも見落とすメッセージ、「苦しかったね」

私は若い医師には「うつ状態だと思われる患者さんには、とにかくしばらく話を聞いてあげて『たいへんだったですね。つらかったですね』と言ってあげてください」と指導しています。

医師はカウンセリングのトレーニングを受けているわけではありませんので、1時間相談法のように上手に話を聞けるとは限りません。どちらかというと5分間相談の対応になるでしょう。また多くの患者さんを診なくてはならないので、精神科医でも5分間相談にならざるを得ません。

しかし通常患者さんは、医師はなんでもわかっている人だと思っています。そのような医師からこの「苦しかったね」メッセージを伝えられただけで、「先生にも、自分の状態がたいへんな状態だと見えるんだ」「先生には、自分の苦しみがわかってもらえたのだ」と感じることができるのです。

うつ状態の人は、自分の弱い部分を自分自身で否定して「これぐらいのことで弱音を吐いていいのだろうか。これぐらいはみんながまんしていることではないのか」と自分を責めています。だから医師から「苦しかったですね（たいへんだったですね）」と言ってもらっただけで、これまでのつらかった状態が一気に緩み、涙がボロボロとこぼれ出す、そんな患者さんがたくさんいます。それぐらいこのメッセージは強力な力を持っているのです。

――平木さんは、三五歳のＯＬです。

一〇年前の恋愛のことで、今でも悔やんでいます。

よくある話ですが、相手は彼女の友人の恋人でした。グループ交際をしているうちに、恋心が芽生えてしまったのです。いったん火が付いた気持ちは、どうしようもありませんでした。気がつくと、平木さんのお腹には新しい命が育《はぐく》まれていたのです。ところが、そのことを知った友人は、当然のことながら平木さんを責めました。彼がかばってくれると思ったのですが、結局彼は友人のもとに戻ってしまったのです。平木さんは一人で病院に行って、子供を堕ろしてしまいました。

そのときは、心を切り替えて新しい人生を歩んでいこうと前向きになったのです。職場も変えて、新しい恋もしました。しかし……。

平木さんの心の中には、その出来事がずっと硬いしこりとなって残っているのです。

「自分が友だちの恋人を好きになったからいけなかった」

「別れたからといって、子供まで犠牲にすることはなかった」

彼女は一〇年間、自分を責めつづけ、何か楽しいと感じることがあっても、その罪を忘れているかのようで、また自己嫌悪に陥るのでした。

そんな平木さんが、カウンセリング室を訪れ、胸の内を話したのです。

「たいへんだったわね。でも、あなたはそんなに悪いことをしたとは思わないわよ。恋愛に別れは付きものなの。それに、友だちの恋人を好きになるなんてこと、よくあることじゃない。あなたが特別悪いわけではないのよ」

年配の女性カウンセラーは、平木さんの過剰な罪悪感を打ち消すために、そう言ってくれたのです。

「でも、やっぱり私が悪いんです。もしそうでも、途中で気がついて身を引くこともできたし……。それに子供は、生まれてくるはずだった子供には何の罪もないんです」

「そうね。でも、私はあなたの判断は間違ってはいなかったと思うわ。あなた一人では育てられなかったでしょうし、あなたのお友だちやその恋人のことを考えると、やっぱり、そのときに堕ろしたのがいちばんいい方法だったんじゃないの」

カウンセラーも、平木さんの視点を明るい方向に変えようと一生懸命です。しかし、平木さんは、カウンセラーに訴えるように自分の罪深さを話し続けました。

この例では、カウンセラーはゆっくりと話を聞き、表現・共感確認欲求を満たすことはできていました。しかし伝えるべきメッセージで失敗したのです。平木さんは、まず自分がどれほど苦しい状態にあるのか、そこをわかってほしかった。一〇年間どんな思いで暮らしてきたのか、そこを知ってほしかったのです。

カウンセラーは「たいへんだったわね」と切り出したものの、その後は「そんなの普通だよ、問題じゃないよ」（「がんばれ」系メッセージ）というメッセージではげまそうとしました。その結果、平木さんが無意識に望んでいた「苦しかったね」メッセージを否定してしまっていたのです。「よくあること、悪いことじゃない」などと強調されればされるほど、平木さんは、それでは私が苦しんだ一〇年は一体何の意味があったのと、理解してもらえないいらだちを感じていたのです。

このようにプロのカウンセラーでも、このメッセージを見落としてしまうことが頻繁に起こります。とくに近年では、ポジティブな見方（ポジティブシンキング）の重要性が時代にもてはやされているようです。「がんばれ」系メッセージの視点です。元気なときは、そういう考え方も良いでしょう。しかし人に相談しなければならないほど落ち込んだとき、ポジティブシンキングの考え方は、最も重要な「苦しかったね」メッセージを否定してしまうということを覚えておいてください。

## メッセージ2「よくがんばっているね」

次に与えるべきメッセージは、相談者の「努力」を評価するメッセージです。「私はこれこれのことをしてきました。でもダメなんです」という相談者の話に対して、一般的には（5分間相談なら）「まだまだがんばってないじゃない」「もっと努力するべきだよ」というはげましの言葉をかけるでしょう。

しかし1時間相談法では「君はとてもがんばっている、私はそのことをよくわかっているよ」という「守ってやるよ」系のメッセージを与えていきます。ここでも5分間相談とはまったく逆の言葉であることに注意してください。

これまで「苦しかったね」というメッセージにより、相談者が客観的に見て非常につらい状態で、苦しい思いをしているということが共通の認識となりました。しかしそれだけでは、必ずしも誰かが助けてくれるとは限らないのです。

日本はもともと農耕民族社会です。長くつらい労働を仲間と共にした者だけが、秋の収穫の分け前を得られました。もし誰かが、「今日はちょっと疲れているから、仕事には行きたくない」とサボったとしましょう。人手が足りなくなり、秋の収穫は台無しになってしまう可能性があります。

そのような社会では、周囲がそれまでの努力を認めてくれるまでは、何らかの苦しさを感じても、休養し仕事を休むことは許されませんでした。十分な努力をしないで、サボる人がいれば、その人は村八分となり、生きていけなくなるのです。

この精神性は現代の私たちにも受け継がれています。他人から支援を受けようとするときに、「これまで本人なりに一生懸命努力したかどうか」が問われるのです。努力していない人は、たとえどんなに苦しくてもそれは、「自業自得」とみなされてしまいます。

だから相談者は、自分なりに一生懸命努力したということを理解してほしいのです。相談者の怯えた精神状態からいうと、「自分は努力していないと思われているのではないか」という強い不安の視点から、あなたの反応を見てしまうのです。

もしあなたが、「○○はやってみたの？」と自然な質問をしたとしましょう。それを相談者は「自分が努力してないと思っているのか」と感じて、いかに今の問題が困難であるか、あなたの提案がいかに実行不可能かなど、くどくどと言い訳を始めるでしょう。

あなたはそれを見て、「自分の非を認めようとしない。言い訳ばかりして現状を変えようとしていない。やる気がない」と否定的な評価を下してしまいます。するとそれを感じた相手は、さらに自分の努力をわかってもらおうと説明するか、それ以上の相談をあきらめて自分の殻に閉じこもるようになってしまいます。

このような悪循環に陥らないためには、「よくがんばっているね」というメッセージを、早い段階で、誤りなく相談者に伝える必要があるのです。

このメッセージが伝わると、相談者は「私の苦境を理解し、私が努力してきたことも認めてくれている」と感じ、この人ならとりあえず私を責めはしない、味方になって助けてくれるかもしれないと、期待が広がり、過剰な警戒心を緩めていけるのです。

味方になる段階での重要な三つのメッセージのうち、「それはたいへんだ」は、最初に与えますが、あとの二つは前後してもかまいません。むしろ並行して伝えるメッセージだと思ってください（図12）。

図12. **味方になるメッセージ**

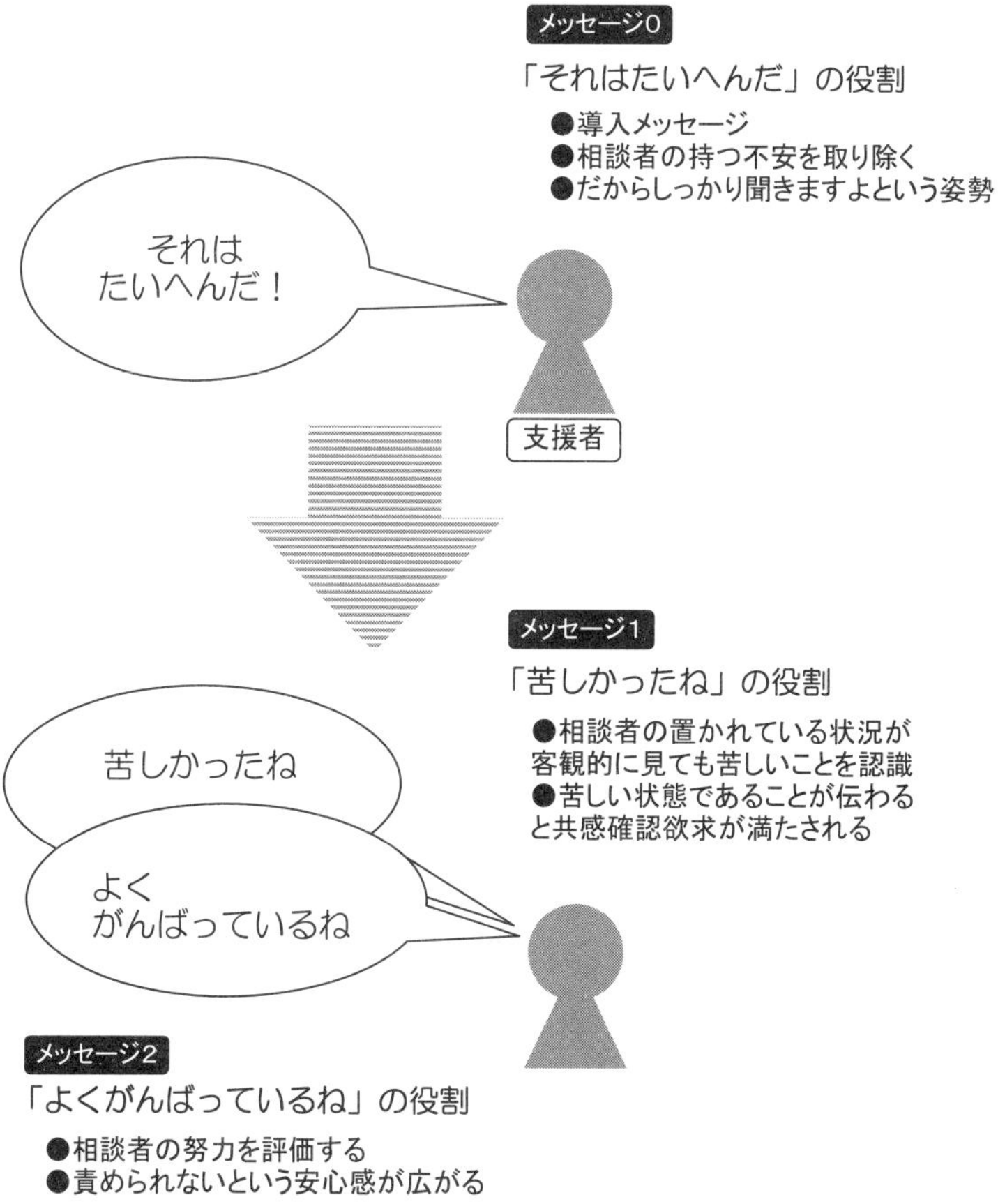
メッセージ0
「それはたいへんだ」の役割
●導入メッセージ
●相談者の持つ不安を取り除く
●だからしっかり聞きますよという姿勢
それは
たいへんだ！
支援者
メッセージ1
「苦しかったね」の役割
●相談者の置かれている状況が
客観的に見ても苦しいことを認識
●苦しい状態であることが伝わる
と共感確認欲求が満たされる
苦しかったね
よく
がんばっているね
メッセージ2
「よくがんばっているね」の役割
●相談者の努力を評価する
●責められないという安心感が広がる

「それはたいへんだ」メッセージは相談を受けたとき、最初に与える。
「苦しかったね」と「よくがんばっているね」は並行して与えてもよい

## 2 メッセージの与え方――まず三〇分、徹底的に聞く

メッセージを与える必要があると聞いて、「話さなければならない」と勘違いする人もいます。思い出してください。メッセージの九割は態度で伝わるものなのです（86ページ）。

相談の第一段階のタイトルは、「相談者の味方になる」ですが、なかなかすぐには味方になれないので、当面「私は敵ではない、あなたを攻撃しない」ということから伝えなければなりません。まずは**「三〇分、徹底的に聞く」という態度**で、それを示すのです。

ここでいう「聞く（話さない）」というのは、まったくしゃべってはいけないということではありません。二つの意味があるのです。

一つ目は、自分の意見を言わないということです。

これまで何度か指摘してきたように、あなたはどうしても自分の意見を述べたくなります。「がんばれ」系メッセージからアプローチしたくなるのです。少し相手の状態を聞いただけで、「ああ、この問題の本質はこれだ。だったらこうすればいい」という処方箋が頭に浮かびます。日頃から察しが良いと言われている人ほどこの傾向があります。5分間

相談の癖が出てしまうのです。

それが相手の求めるものでない場合、相手にしてみればいらないものを押し付けられているわけで、「攻撃される」と感じます。とくに悩みの深い相談者は、あなたのそのような態度で、ますます殻に閉じこもってしまいます。

「敵かもしれない」という警戒心を緩めてもらうには、「攻撃しなかった」時間が必要なのです。

いくら口で「攻撃しないよ」と説明しても、実際にあなたがちらっと時計を見ただけで、あなたが「まいったなぁ、早く切り上げてくれないかなぁ」と思っていると深読みしてしまいます。これは相談者の勝手な思い込みですが、結果的に「あなたが攻撃した」ということになってしまうのです。

本来は表情や行動、言葉のすべてに気をつけたいのですが、まずは相談者が攻撃されると感じてしまう行為、つまり**自分の経験談、自分の価値観、具体的な解決策やアイデアの提示を三〇分間控えてください**。

あなたは、話を聞きながら、〈こういうことを言ってやれば、相手の心が楽になるだろうな〉という発想がわくかもしれません。５分間相談の誘惑です。しかし、それを飲み込んでください。ただひたすら相手の話を待ち受けて、今は自分の意見を言う時間ではない、今は相手が話す時間だ、そんな姿勢で時間を過ごしていくと、ようやく相談者も「自分を攻撃しない人だ」と感じてくれるようになるのです。味方になるには時間がかかります。だから、何はともあれ「まず三〇分は相手の言葉に口を挟まず、聞き続ける」ことを頭に叩き込んでください。

「聞く（話さない）」ということの、もう一つの意味は、相手が話す時間を長くするということです。そのためには自分が話す時間をできるだけ少なくします。

先にも触れたように、聞くといっても、あなたがまったく話してはならないということではありません。後で紹介するように、質問や要約は多用します。しかし、かといって相手より多く話してはいけません。この段階では八割の時間は、相手が話す時間にしましょう。

まだ話しているのに、質問などで相談者の話の腰を折ってはいけません。もし、話し始めようとするタイミングが重なった場合、**必ずあなたが譲ってください**。そうすることで、相談者は「私を大切にしてくれている。私のことをよく理解しようとしてくれている」と感じ、安心感をもてるのです。

## 3 メッセージの与え方――相談者の考え方や感じ方を教えてもらうつもりで

まず三〇分聞き続ける、というアドバイスで素直にそれを実行できる人もいるでしょう。しかしこれがなかなか難しい。頭の良い人ほど、先読みをしてしまって、ついつい意見を言いたくなります。言いたいことも言えないのだったら、相談なんかのらない、などと短気を起こさないでください。

そんなあなたにもう一つ、アドバイスです。

それは、なぜ相談者はそう感じるのか、そう考えるのか、その過程を相談者から**教えてもらう**というつもりで聞き続けるということです。

たとえば相談者の「私は、両親から愛されていないのです」という訴えに、あなたは、

・「両親に対して、そんなことを思ってはいけない。子供のことを思わない親など、どこにもいない」

・「自分から両親の心の中に、飛び込んでいけばいいではないか」

・「もう両親の助けを必要とする歳ではないので、自分自身で独立すればいい」

・「何か外に出て、もっと楽しいことを見つければ、両親のことにこだわらなくてすむ」

などと、いろんな意見や解決策が頭をめぐるでしょう。

これはこれで正しいのです。いつかはそうアドバイスしてあげてもいいタイミングが訪れます。しかし今ではないのです。

まずは、なぜ「両親から愛されていない」と感じているのか、どのような苦しさなのか、どういうきっかけで生まれた認識なのか、そのように相談者の心の配線図を聞いていくのです。どうしてそう感じるようになったのかを教えてもらおうという意識を持つのです。

頭の良い人は、「過去のことはどうでもいい。必要なのはこれからどうするかだ」と考えるかもしれません。それも正論です。しかし正論では人は動かない。

人を動かす（癒す）のは「守ってやるよ」系メッセージです。今は相談者の味方になる段階です。相談者の立場になって理解していかなくては、「苦しかったね」「よくがんばっているね」というメッセージは伝わりません。

「たいへんだったのではないか」「よくがんばっていたのではないか」という視点で、相手の話を聞くのです。メッセージは、言葉だけで表すのではなく、総合的な態度で表すことを忘れないでください。

「たいへんだったんだ、苦しかったんだ」だと思っているあなたの顔は、きっと、驚きとつらさが交じった表情になって、それが声に表れてきます。相談者はそのようなあなたの雰囲気や、質問の方向性によるあなたの関心から、メッセージを感じるのです。

私は、カウンセラーとして五年ほどたったときにようやく確信できたことがあります。それは「クライアントのどんな感情や行動にもそれなりの理由（そうしなければならないつらさと、そうすることのがんばり）がある」ということです。最終的な反応だけを見て、「どうしてそういうふうに感じてしまうの?!」「どうしてそう考えるの?!」と、驚いたりあきれたりすることは簡単です。

しかし話を聞き続けていくと、やはりクライアントがそう感じても無理はないという理由があるのです。その理由を聞けたとき、非常に強い「苦しかったたね」「よくがんばったね」メッセージが伝えられ、それだけでクライアントが元気になっていく姿を何度も目の当たりにしてきました。

相手を、馬鹿にしない、宇宙人のようだと異端視しないことです。同じ人間として必ず「そういうことだったのかぁ」と納得できるポイントがあるはずです。それを探しながら聞いてみてください。三〇分はあっと言う間に過ぎていきます。

もし、絶対に納得できない（共感できない）内容だったら、「君は、そう思っているんだな」と、返せばいいのです。

たとえば、「死にたい」という相談に対しては、５分間相談なら「命を大切にしろ」とか「残された人の気持ちを考えろ」「死ぬ気になったら、何でもできるじゃないか。それをやってから死んでも遅くない」などと説得するでしょう。

一方1時間相談法では、苦しさを理解しようとしますが、死にたくなったことのない人には「死にたい」と訴える人の本当の苦しさは理解できないでしょう。それでも「死にたい気持ちがあるんだな」と、中立の姿勢で、相談者の気持ちを否定しないで受け取ることはできます。それだけで十分です。

そして、もしあなたに余裕があれば、その中身をもっと聞いていくのです。

「どれぐらい、そんな気持ちと闘っているんだ？」

「死にたいと思うときは、どんな苦しさなの？」

と、「苦しかったね」「よくがんばっているね」の視点で、質問を続ければいいのです。

これまでの説明を読んで、「わかったぞ、要は相手の愚痴を聞けばいいんだな」、そう理解した人もいるでしょう。

半分は当たっています。問題解決に目を向けないで、相手の気持ちを聞けばいいという点では当たりです。あなたにとって相手の話は、単なる愚痴であり、対処の必要のない話です。しかし、注意しなければなりません。

それは、「愚痴」という表現の中に、「たいしたことのない問題」という評価が隠れているということです。あなたが、相手の話を単なる愚痴だと思っている限り、入り口のメッセージ、「それはたいへんだ（たいへんな問題だ）」を伝えることはできません。

まだあまり相談者の話を聞けていない。なのに、「たいへんな問題ですね」と身を乗り出して聞くのは、少しうそっぽいところがあるかもしれません。

しかし、**これは「挨拶」だと考えてください**。

朝早くなくても「おはよう」と言うのが礼儀です。そのほうが人間関係がうまくいくものです。「たいへんな問題ですね」と言いながら、「これは愚痴なんかではなく、たいへん難しく、困った問題なんだろう」と意識し、しかし愚痴を聞くような話の聞き方（表現は悪いですが、半分聞き流すような、問題と距離をおいた、少し客観的な態度）で、聞いていくのです。

このように「三〇分話を聞き続ける」ことで、味方になるためのメッセージを伝えることができます。次に三〇分聞き続けるための具体的な技術を説明しましょう。三〇分聞き続けるための、会話のやり取りの方法論です。

## 4 三〇分聞き続けるテクニック① うなずきの魔法

あるカウンセリングクラスの様子です。

――学生をカウンセラー役とクライアント役に分けて、相談場面の実習を始めます。ロールプレイ（役割練習）というものです。いきなりのカウンセラー体験なので、なかなかうまくいきません。五分ぐらいたったところで、カウンセラー役の人だけを集めて、私が秘密のコツを三つだけ教えます。その間約三分。

そして再び先ほどのカウンセリングの続きをやってもらうのです。すると……驚くほどカウンセリングの質が変わってくるのです。先ほどまで、しらけていた相談が、ぐっと親身に相談にのっているという雰囲気になってきました。

そんな雰囲気で相談を五分間続けた後、このカウンセリングを見学していた学生たちに「さて、私はあの三分間で何をアドバイスしたと思いますか」と質問すると、

・「親身になって、自分のことのように熱意を持って聞きなさい」と指導した。
・「相手の言っていることに共感する」ように指導した。
・「相手を否定せずに、受け入れてあげる」ように指導した。

・「相手に関心があることを示すように、前かがみの姿勢になる」ように指導した。
・「積極的に問題に関われ、意見を述べよ」と指導した。
・「質問によって相手に考えさせよ」と指導した。
・どうアドバイスしたかはわからなかったけれど、とにかく雰囲気が変わった。

などという答えが返ってきます。どれもカウンセリングにとって本当に重要で、かつ難しいことです。

このような意見を聞いて赤面しているカウンセラー役の学生に「どうですか。カウンセラーの対応は、他の人には、とても熱心かつ真剣で受容的態度に見えたようですが……」と質問すると、あるカウンセラー役の学生が「先生、じつは不思議なんですけれど、自分で振り返っても、たしかに前半より相手の話を真剣に聞いていたし、その気持ちを察したり、共感したりしていたなと思うのです。先生には、そうアドバイスされたわけではないのですけれど……。魔法みたいですね」と答えてくれました。

そうなのです。私のアドバイスを実行しただけで、結果的にカウンセラー側の気持ちのほうまで変わってきたのです。

人は一度にたくさんのことを覚えられません。そこで私は、数多くのカウンセリング技術のうちとくに効果が高くて、あまり練習もいらない技術を三つだけ選んで、時間がないときはそれだけを教えるようにしています。
もったいつけないで教えましょう。下園カウンセリングの三つの魔法。味方になる段階では、そのうちの二つの魔法を実行します。「うなずきの魔法」と「要約・質問の魔法」と覚えてください（三つ目の魔法は、解決のヒントを与える段階で解説します）。

**〈うなずきの魔法　基本要領〉**

相手の話に合わせて小さくうなずく。時折大きく飲み込むような、うなずきを入れる。

ポイント　男性の場合うなずき自体が少ない。すると少し怖い印象になってきます。女性の場合、うなずくことはうなずくのですが、リズムやテンポが単調になっている人が多い。それでは、一つ一つの話を真剣に聞いているという印象（メッセージ）が表れません。相手の言っていることがイメージできたら、大きくうなずきます。その場合、「あー」「ふーん」などと声を出しながら、アゴがのどにつくような感じで大きく、しかもゆっくり首を振ってください。

ただうなずくだけ、という「うなずきの魔法」。魔法というぐらいですから、うまくやると相当な効果が発揮されます。

私たちのカウンセリング教室では、この魔法の威力を実感してもらうために、相手の話を絶対にうなずかないで（つまりこの魔法を使わずに）、聞く体験をしてもらっています。自己紹介で、じっと相手の目を見て、目を離さず（もしくは、まったく相手の目を見ず）、絶対に首を振らないで（表情も動かさないで）、聞き続けるのです。

これは、話し手にとっても聞き手にとっても、とても苦しい体験です。話し手は五秒で話す気を失います。しかし練習ですから、がんばって話し続けなければなりません。聞き手も気まずい空気を痛烈に感じながら、指示された通りにやらなければならないのです。

この訓練は一分で終わりにします。それ以上は続けられません。訓練だとわかっていても、終わった後には、何か相手にいやーな印象を持ってしまうからです。その後は、必ず楽しい訓練を組み込んで、後に引かないような工夫をする必要があるくらいです。

たかがうなずきと思うかもしれませんが、それくらいインパクトがある行為なのです。

うなずきには大きく次の二つの効果があると考えています。

一つは、**相手とリズムを合わせる効果**です。会話はキャッチボールに喩えられますが、私はむしろダンスのようなものだと感じています。二人の息が合えばダンス自体の楽しさを感じることができますが、息が合わないと相手に気を遣ったり、相手の足を踏んだり、ダンスに集中することはできません。同じように、相談もリズムが合っていれば、自分の言いたいことがどんどん口をついて出てきます。リズムが合わないと、沈黙の時間が流れて、気まずい思いをしてしまいます。

相手が話して、こちらが聞いているわけですから、相手の話にこちらが対応しなければなりません。人の歌に手拍子を合わせたり、合いの手を入れるようなものです。

もしカラオケであなたが歌っているときに、誰もリアクションしてくれなかったら、少し淋しく感じると思います。もし誰かが、あなたの歌に手拍子をつけてくれたり、いっしょに歌ってくれたり、タンバリンを叩いてくれたりしたら、あなたもとても楽しくなってくるでしょう。相談場面でも同じことが起こるのです。あなたが相談者の話にリズムよくうなずけば、相談者はあなたのことを「仲間」（つまり敵ではない）と感じ始めるのです。

うなずきの二つ目の効果は、**メッセージを与えることができる**ということです。私たちは相談場面以外の日常の会話の中でも、場面ごとにさまざまなメッセージを送りながら、会話を進めています。

私のカウンセリングセミナーでは、うなずきだけで「興味津々」「驚き」「疑問」「納得」「共感」の五つのメッセージを出せるように練習します。

〈基本要領〉では、このうち二つのうなずきを紹介しました。相手の言葉に合わせて、小さくうなずくこと、これは**「興味津々」**のメッセージを表すうなずき方です。

リズムは人それぞれなのですが、どうもうなずくタイミングがつかめないという人は、相手の言葉の息継ぎの部分、あるいは文章における読点（、）の部分で、うなずくようにしてみてください。できれば鏡で、自分がどれぐらいのうなずき方をしているかを確認するとよいでしょう。小さいうなずきとはいえ、相手にうなずいていることがしっかり伝わらなければなりません。

もう一つのうなずきは、**「納得」**のうなずきです。〈基本要領〉では、飲み込むような大きなうなずきと表現したものです。これは「君の言っていることが、僕の頭の中でイメージできたよ」ということを表します。タイミングが取りづらい人は、相手の話が一段落したとき、間があいたとき、文章の句点（。）の部分でこのうなずきを入れてみましょう。

## 5 三〇分聞き続けるテクニック② 要約・質問の魔法

**〈要約・質問の魔法　基本要領〉**

あなたが発言（質問やコメント、アドバイス）するときは、必ず相手がこれまで何を言ったのか、そのことを繰り返して（要約して）から、発言する。

**ポイント** たとえば、「それは、いつから?」と聞きたくなったとします。いきなり質問するのではなく、「お父さんが、お母さんと喧嘩して家を出て行ったままなのね。それはいつから?」というように、相手が直前もしくは、これまで話したことを短くまとめてから、質問するのです。

うなずきの魔法だけで、一時間でも二時間でも話してくれる人もたくさんいます。しかし、ただうなずいているだけでは、しばらくすると相談者が「本当に聞いてくれているの？」という疑問を持つことがあります。

相談者は、とても警戒心が強く、裏メッセージに取りやすいということを思い出してください。ただ「うんうん」とうなずいて聞いているあなたに対し、「私の話なんか興味なくて、ただ調子を合わせているだけじゃないか」「本当は私を馬鹿にしているのではないか」「もう飽き飽きしているのではないか」「私の話し方が悪くて、ちゃんと伝わっていないのではないか」などと勘ぐり始めるのです。

また相談者にとって最もつらいのは、無視されることです。それは辛辣《しんらつ》な言葉で非難されるよりも厳しい攻撃になります。だから質問することは、基本的には悪いことではありません。

ところが、あなたのほうもどうしても早く結論を出したいという支援者癖が出てしまいます。すると、ついつい立て続けに質問してしまいがちになります。それを相手は「責められている」「自分の表現力がないからだ」「わかってもらえない」と感じてしまうのです。このような事態に陥らないためのテクニックが「要約・質問の魔法」です。

相手の話を聞いているうちに、自然に質問がわいてきたとしましょう。

それをそのまま「それって、いつのこと」と聞いたとします。ある人は「自分は、時間の前後を間違えて説明してしまったのだろうか」と不安になります。他の人は「昔のことにいつまでもこだわっていることを非難されている」と身構えます。

このように質問には、簡単に裏メッセージに取られてしまうという性質があるのです。そこで、できるだけ裏メッセージに取られないような工夫が必要になります。それが質問の前に要約を入れるということなのです。

じつは、このテクニックにはうなずきと同じように非常に多くのバリエーションがあって、私たちカウンセラーはその一つ一つを練習するのですが、ここでは基本的な形を一つだけ説明します。それは、相手の話の最後の部分を一文章か二文章ほど繰り返す要約です。

たとえば、相談者が、

「うちの職場に、嫌な人がいてね。仕事がさばけなくて、責任感がなくて、服装もだらしなくてさぁ、みんなから嫌われているんだけど、そのくせ女子社員には異常に馴れ馴れしくするの、その人。その人がさぁ、今度のプロジェクトで私のパートナーになっちゃったんだ」

と話したとします。

あなたは「え、そんな嫌な人間が、君のパートナーになっちゃったんだ」と簡単に要約するわけです。そのあとで「もう決まったの？」と、話を聞きながらわいていた疑問を投げかけます。

もし、要約の一文章を入れないで「もう決まったの？」といきなり質問をしたら、相手は「私がもっと早くなんとかするべきだったと思ってるのかなぁ」と防御の姿勢に入るかもしれないのです。

さらに要約なしに「どうしてそうなる前に、手を打たなかったの」「仕事はどうするつもりなの」などと質問を続けていくと、どうしても非難の調子のこもった尋問調のリズムになってしまいます。しかし**一つ一つの質問の前に要約を入れることによって、このリズムに陥らないようにする**ことができます。

子供のしつけで悩んでいる世のお母様方のトラブルの原因は、お母様方の言っていることが「正しくない」というわけではないのです。ほとんどの場合「正しい」。子供たちが反発するのは、言われるタイミングなのです。一つ言われるなら反省もする。しかし立て続けに言われると、非難されているような気分になり、いくら正しくても、どうしても自分を守るために反発してしまうのです。

これと同じように、相談場面においても質問の連発は避けなければなりません。

つまり、要約してから質問するというより、**質問する前には、必ず要約を入れる**という手順だと理解してください。

さて、質問するとなると、例の支援者癖が出てきて「相談者が目の覚めるような質問をしてやろう」「相談者の視野が広まるような一言を投げかけてみたい」と感じるかもしれません。どんな質問をしてやろうかと考えていると、そのことに意識が集中してしまって、相談者の話を聞けなくなってしまいます。

「三〇分聞き続ける」の段階では、そのような質問は、必要ありません。

この段階での質問の目的は、相手の話に関心があるというメッセージを伝えることだけです。だから、**「それからどうなったんですか」という次を促す漠然とした質問で十分**なのです。

相手の話を聞いていて自然にわいてくる質問なら、さっきの要約・質問の形にすればいいでしょう。そんな質問がない場合でも、ある程度相手の話を聞いて後、少し間があいたら、いったん要約して「それからどうなったんですか」と質問すればいいのです。

## 6 三〇分聞き続けるテクニック③　自分の声をよく聞く

**〈支援者癖に陥らないコツ〉**

要約・質問で発言するとき、自分の声をよく聞くこと。

**ポイント** あなたは、どのくらいの声の大きさ、トーン（声の高さ）で、どのくらいのスピードで話をしているのでしょうか。たとえば「結局、君がお金を貸すことになったんだね。それはもう約束しちゃったの？」と言うときでも、高い声で早口に、勢いよくしゃべったならば、そこには非難のメッセージがこもってしまいます。同じ言葉でも、低い声で、ゆっくり、つぶやくように言えば、相手のことを真剣に考えて、心配している様子が伝わっていくでしょう。どちらが相手に受け取ってもらいやすいかは、明らかです。

聞くことが大切だ、今はまず相談者の味方になることが必要だ、と頭で理解できていても、支援者癖はなかなか強力です。気がつくとついつい自分が熱心に説得している状態になっているかもしれません。

そこで、この支援者癖に陥らないコツが「自分の声をよく聞く」ことなのです。自分の声を聞きながら話をすれば、必然的にゆっくりした調子になりますし、自分がどのような言葉を使っているかも、十分意識しながらしゃべることができます。非難調になりつつある自分のメッセージを、もっと柔らかい形に修正することができるのです。また自分自身が感情に飲み込まれそうなときでも、あなたを冷静なステージに引き戻してくれる効果もあります。

ところで、どうしてこのように非難めいたメッセージがこもるような言葉になってしまうのでしょうか。

それは、相談者の話している内容が「あなた自身」に関係してくる場合が多いからです。

まったく赤の他人のカウンセラーが話を聞く場合はそうでもないのですが、家族同士、恋人同士、職場の同僚や上下関係の中で相談を聞く場合は、どうしてもあなた本人が、相談事のテーマの中に関わることが多いのです。そのような状況では、相談者の苦しみが、相あなた自身に向けられることもあります。

たとえば、嫁姑の相談を夫が受ける場合、「あなたがもっとしっかりしてくれなきゃ。あなたは私とお母さんのどちらの味方なの」と夫を責めるような展開になりがちです。そんなとき夫は、ただうなずいて、要約して質問するという、冷静な対応を続けることが難しくなります。どうしても自分の意見を言いたくなり、非難する相手、つまり相談者に対して反撃してしまうのです。

こうなると、あなた自身にとって相談者が「敵」になっていますから、味方になるという作業はとても難しくなります。当然「苦しかったね」「よくがんばっているね」というメッセージがうまく出せません。

こうなった場合の脱出法は、二つあります。

一つは、自分が感情に巻かれていることに気がついて、素直にそれを表現し、今は力になれないことを謝り、少々の時間をとることです。「ごめん、今は冷静に君の話を聞けない。三〇分ほど休憩しよう」と、散歩に出るなり、トイレにこもるなり、一人で冷静になる時間を見つけてください。相手の力にはなれませんが、攻撃し続けるよりずっといいのです。

もう一つの方法は、相談相手を代えることです。

「ごめん、このテーマは僕は冷静には聞けない。他の人に話を聞いてもらったほうがいいよ」と、次は誰に相談するかについて、話を進めます。

ただ嫁姑問題では、妻は当事者である夫に、どうしても話を聞いてほしいと思うでしょう。それは夫に味方になってほしいからです。

できれば、第一の方法で間合いを取り、もう一度怒りのトラップ（わな）に陥らないような心の準備をして、相談に臨んでください。

相手の一言に対しては、すぐに言い返さない。必ず相手の言っていることを要約して、それから質問する。そのときは、自分の声をよく聞いて「非難のメッセージがこもらないようにする」。最初の三〇分間は、自分の意見はできるだけ言わない。がまんする。

そのようなことを、心の中で反復しながら相手の話に耳を傾けてください。

図13. **相談者の味方になる方法**

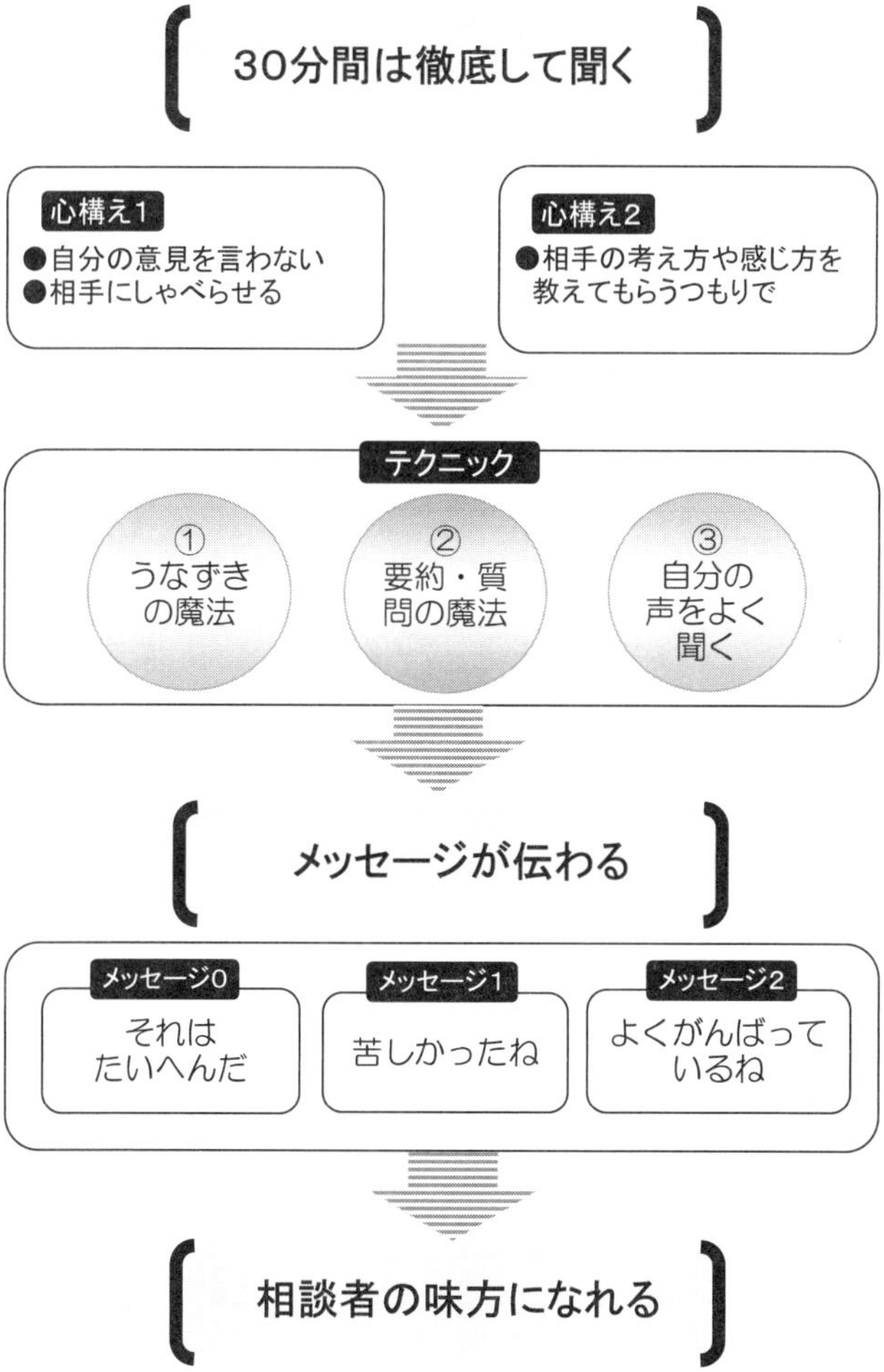
30分間は徹底して聞く
心構え1
●自分の意見を言わない
●相手にしゃべらせる
心構え2
●相手の考え方や感じ方を教えてもらうつもりで
テクニック
①うなずきの魔法
②要約・質問の魔法
③自分の声をよく聞く
メッセージが伝わる
メッセージ0
それはたいへんだ
メッセージ1
苦しかったね
メッセージ2
よくがんばっているね
相談者の味方になれる

コラム

## 相談＝問題解決ではない！
## 問題に触れなくても勇気づけられる！

頭では、まず「守ってやるよ」系メッセージを与えるのだと意識していても、実際の会話で具体的なテーマについて相談を受けていると、どうしても話が問題解決のほうに向いてしまいがちです。ここで、相談とは必ずしも問題解決といっしょではないということを、私に痛切に感じさせてくれた事例をご紹介しましょう。

——私がカウンセラーとして職場で知られ始めた頃のことです。

地方から出てきたある先輩が、しばらくぶりに私のオフィスを訪れてくれました。もちろん世間話だったので、別にカウンセラー室に移動することもなく、大部屋で彼に対応していました。ところが、だんだん話が相談事に変わっていったのです。

「いやぁ、君も知ってると思うけれど、例の件たいへんだったよ」

「はあ」

「相手があることだろう。なかなかこちらの言うことを聞いてくれなくて、あの現場には、俺が一人で行くことになったんだよ」

「一人で、ですか」

「いや、もちろん、他の企業からも何人か出向していたさ。でも全員素人だろう。結局責任は、全部俺にあるわけよ」

「そうですかぁ。それはたいへんでしたね」

「いやもう、たいへんのなんのって。毎日がほとんど泊まり込みさ。上に話をしても、ほら、組織が違うだろう。だから、表だって支援はできない、なんとか現地でやってくれ、の一点張りさ」

「現地でやってくれって言われたんですか」

「そうだよ。ひどいもんだねぇ。でも、投げだすわけにもいかないだろう。だから、結局俺が動くしかないわけよ」

「○○さんが、一人でやってたんですか。すごいですね」

　じつはこのとき私は、先輩が何の話をしていたのか、まったくわからなかったのです。知っているだろうと言われて、「知りません」と言うのも気が引けたので、そのまま会話を進めてしまいました。

別に自分でも、カウンセリングをしているつもりではなかったのですが、この調子で先輩は三〇分ほど勢いよくまくし立てて、こう言ったのです。

「いやぁ、やっぱり君のところに顔を出してよかったよ。いろいろ話を聞いてもらってすっきりした。やっぱりカウンセリングって効果があるんだなぁ。ありがとう。また今度寄らせてもらうよ」

先輩は、お土産を置いていてにこやかに去っていきました。

「え、今のはカウンセリングだったの？」

私は、一人取り残されて、しばらく呆然としていました。

さて、そのときの私は三〇分間で一体何をしたのでしょう。

先輩は、何らかの問題を抱えていたのですが、後輩である私に「カウンセリングしてくれ」とは言いづらくて、手土産を持って「近くに来たからちょっと寄ってみた」と言って来たのです。

私は、「一体何のことですか」と聞くチャンスもなく、ただ相手の話にうなずいて、要約して、数回の質問をしただけでした。正直なところ、最後まで先輩がどんな問題を抱えていたのかもわかりませんでした。

結局先輩は三〇分間ノンストップで話して帰っていきました。しかも、満足して。

当時の私は、あっけにとられるだけでしたが、今なら、自分が何をしたのかを理解できます。

私はその三〇分で先輩に対して、先輩を丁寧に扱い（味方になって）、先輩の話の断片から、たいへんでしたね、先輩はがんばっていましたねというメッセージを伝えていたのです。もちろんその当時は、メッセージを意識していたわけではありません。しかしカウンセラーとして日頃からやっている「うなずき」と「要約・質問」が自然と出てきていた結果、先輩に満足してもらい、不安や怒りを緩めてもらったのです。

相談を受けることに慣れていない人には、最初の三〇分間、聞き続けるというのはたいへん難しい作業かもしれません。しかし、問題解決にとらわれず、自分の声を聞きながらうなずくことと、要約・質問で時間を過ごすことだけに集中してください。これこそが「相談しがいのある人」になる第一歩だと心得て、がんばってください。

# 第5章

# 実践ステップII　自信を取り戻させる

**●この段階をクリアできれば、ほとんどの人は自力で解決する**

相談者は、物事をうまくやり遂げられない自分や、感情や行動をコントロールできない自分に対して、自信を失っている（自己嫌悪）場合が多いのです。そういう気持ちに対して、同じ人間として「君だけが特別に弱いわけではないよ。誰だってそうなるよ。むしろこの状況でよくやっていると思うよ」というメッセージを与えて、自信を回復してもらいます。

## 自信を取り戻させるメッセージ

ここまでは、最も重要な第一段階「味方になる」ということについて説明してきました。なんとか工夫して、相手の話を邪魔せずに三〇分間聞き続け、「それはたいへんだ」「苦しかったたね」「よくがんばっているね」というメッセージを与えることができたとしましょう。

これによって相談者が少しだけあなたを信頼し、警戒心を緩めてくれます。つまりあなたの言葉を、ある程度素直に受け入れる下地ができ上がったのです。これで、あなたは「相談しがいがない人」だと、決めつけられることはなくなるでしょう。

次は、第二段階、相談者の「自信を取り戻させる」に入ります。悩みの深い相談者は、これまで自分なりにいろいろ試してみて、うまくいかなかった結果、相談してきます。ですから自信をなくし、自己嫌悪に陥っていることが多いのです。

1時間相談法では、問題そのものの対応に入る前に、この自己嫌悪のほうをケアします。自己嫌悪が少なくなれば、問題に対し自分の力で進んでいこうという気力がわいてきます。すると、具体的な方法論にいたらなくても、悩みが解消されることが多いのです。

【注】なお、第一段階「味方になる」から第二段階「自信を取り戻させる」へ進むという段階区分は、三〇分後に突然移行するというものではありません。これはその次の第三段階にも言えることです。次第に移行し、ときには前の段階に戻りつつ、前進していくものです。まったくイメージできない人のために、第二段階の始まりをあえて時間で表現しようとすれば、二〇分ぐらい過ぎてから第二段階の要素が入ってくるという感じです。そして三〇分相手の話を聞き続けた後、第三段階の要素が入ってきます（218ページ図23）。

第二段階、自信を取り戻させるためのメッセージは、次の二つです。

## メッセージ3「無理もないよ」

これは問題によって引き起こされた相談者の反応（弱気になる、悪いほうにしか考えられない、泣き言を言う、眠れない、集中できないなどの症状）に対して与えるメッセージです。

5分間相談なら「みんなはがんばっているじゃないか。弱気になっているのは君だけだ」とか「そんなことで頭を抱えているのは、君だけだ」「つらいなんて泣き言を言っているのは君だけだぞ。みんな耐えているぞ」というはげまし方をする人が多いでしょう。つまり「(君の反応は)特別だ、君のつらさはみんなが耐えているつらさだよ」という「がんばれ」系メッセージを与えて、奮起を促そうとするのです。

1時間相談法では逆です。同じ症状に対して、「(君の反応は)無理もないよ、君が特別に弱いわけではないよ(誰でもそうなるよ)」と伝えるのです。

さまざまな困難に見舞われたとき私たちは大きく自信を失います。この自信喪失はよくよく観察してみると二つに分かれるようです。

一つは、その困難な出来事に対して自分は何の対処もできない、というその問題自体に対する無力感です。これは、元気な人にも共感しやすい無力感(第一の無力感)です。

もう一つは困難な状態の中での自分の感情や体の変化に対処できない、つまり自分自身をコントロールできないという無力感(第二の無力感)です。

**第一の無力感は、「私は、これができない」という、ある問題限定の「できない」感**です。問題解決の技能について感じるものです。

これに対して、**第二の無力感は、「私は、弱い」という実感**です。これは技能というより、生き延びるための基礎的体力や健康、反応に対する絶望感です。この無力感は自覚できないこともあり、底知れない恐ろしさとして本人の心を蝕んでいきます。

実際に悩みの深い相談者は、第一の無力感もさることながら、この第二の無力感で苦しみもがいている場合が多いのです。

これもまた原始時代をイメージすると、わかりやすいでしょう。

原始時代、人々はさまざまなトラブルに襲われました。そのトラブルに対処して生き残っていけるかどうか、最も大きな要素は「健康・体力・気力」です。自分の思ったように体が動くかどうかということです。もし手や足を怪我し思うように動けなかったら、獲物を捕らえることもできないし、敵から身を守ることもできません。つまり死んでしまうのです。

あるいはある病気にかかったとしましょう。思うように体が動かず、気力もわきません。その状態では苛酷な原始時代に生き延びるのは難しかったのです。

物質が豊かな現代社会では、たとえ寝たきりになってもそれだけで死ぬことはないのですが、原始人のプログラムを受け継いでいる私たちの心は、**自分の体や心が思うように動かないという状態に対して、とても強い不安（死ぬかもしれない恐怖）を感じてしまう**のです。そして第二の無力感が生まれるのです。

この無力感は、他人との比較の中で認識されます。

他人が耐えているようなストレスでも過剰に反応してしまうとき、他人が動いているのに動けないとき、他人が悩んでいないのに自分だけ変な行動をしてしまうとき……。そのような人は、原始時代では群れから取り残されて、死んでしまうしかないのです。

このような無力感を感じ始めている相談者に対して、「君だけだぞ、弱いのは」というはげまし方では、いかにその人を傷つけてしまうか、理解していただけると思います。

そこで、「自信を取り戻させる」ためにも、「無理もないよ、君が特別に弱いわけではないよ（誰でもそうなるよ）」というメッセージが必要になるわけです。「君が特別ではない」と保証してもらうことで、これからまだまだ自分はやっていけるのだ、物事はそれほど最悪ではないのだと感じ、前向きに対処していこうという勇気がわいてきます。

しかし、ここで注意しなければならないのは、このメッセージは状況や言い方しだいでどちらにも取れるということです。やる気もでますが、同時に守ってもらえない不安も呼び起こしやすいのです。

なぜなら第二段階で与える、この「無理もないよ」と次の「善戦しているよ」というメッセージは、「がんばれ」系と、「守ってやるよ」系の中間の性質を持つからです（図14）。

図14. **「自信を回復させる」メッセージは裏メッセージに取られやすい**

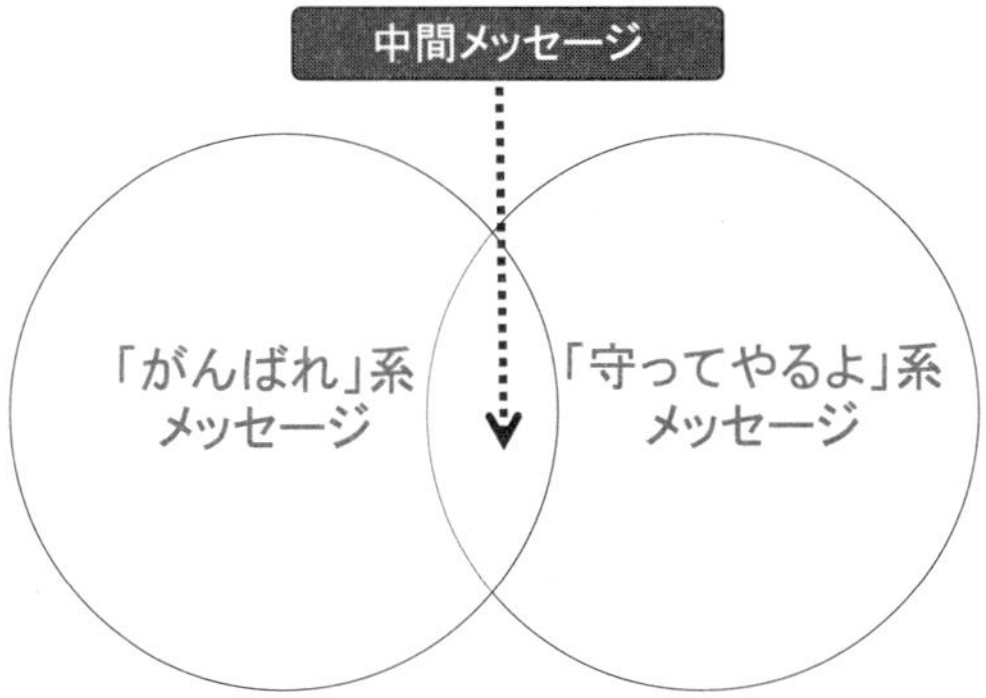


「自信を回復させる」ために与えるメッセージは「守ってやるよ」系と「がんばれ」系メッセージのそれぞれの意味合いを併せ持った中間メッセージ。「がんばれ」系にいくほど、裏メッセージに取られやすい

もし、この「無理もないよ」メッセージを「味方になる」段階を飛ばして突然与えたとしたら、どうなるでしょう。

たとえば、相談が始まってすぐにこのメッセージを与えたとします。

「そうか、そのことで悩んで、眠れないんだな。イライラして人に当たってしまうわけだね。そういうことよくあるよ。無理もない。普通だと思うよ」

こう返された相手は、「自分の置かれている状態（苦しさ）は、普通だと思われている」と思ってしまうでしょう。つまり「それはたいへんだ」や「苦しかったね」メッセージを否定する「がんばれ」系のメッセージに取られてしまうのです。ですから、必ず、これまで紹介した段階を踏んでから与えるメッセージであると理解してください。

## メッセージ4「善戦しているよ」

次は、先に触れた第一の無力感（問題に対する処理能力）について、自信を回復させるメッセージを与えます。

「よくがんばっているね」メッセージと似ているかもしれませんが、「よくがんばっているね」メッセージは、相談者の努力する姿勢を認めるものですが、この「善戦しているよ」メッセージは、相談者の能力を認めるメッセージです。

マラソンの高橋尚子選手に小出《こいで》監督が言い続けていたとして有名になったはげましの言葉「君ならできる」はこのメッセージの一表現法です。

このメッセージは、相談に慣れてない人でも、他人を心理的に支援するためによく使います。しかし、思ったほど勇気づけられない、自分の言葉が空回りしてしまっていると感じた人もいるのではないでしょうか。

それは、このメッセージも、第一段階のメッセージ、「それはたいへんだ」や「苦しかったね」「よくがんばっているね」を否定する裏メッセージに取られやすいからです。

君はすごい、できる人だ、ということは、今の状況は君にとってそれほどたいした状況ではない、それほど苦しんでもいない、だから助けない、もっとがんばれ、と解釈されてしまいます。あなたはそういうつもりで発言したのではないにせよ、悩みが深く警戒心が強い相手は、まずその視点であなたの言葉を受け取ってしまうのです。結果として、それは相手を責めることになります。

そしてこのメッセージも、「がんばれ」系と「守ってやるよ」系の中間メッセージなので、どちらにも転びやすい。「君はそんなに悪くはない、しかし一人で乗り切れるほどの事態ではない」というバランスの取れたメッセージを与える必要があるのです。それが「善戦しているよ、よくやっていると思うよ、君だからここまでできたと思うよ」という言い回しになります。この段階までは、まだ「がんばれ」色を強く出さないほうが受け入れられやすいのです。

「善戦しているよ」メッセージも、「無理もないよ」メッセージと同じように、いきなり単独で与えると、落ち込んでいる人には素直に受け取ってもらえません。「味方になる段階」を経て初めて、メッセージが本来の意味で伝わります。

また、たとえそのように丁寧に段階を踏んでいたとしても、相談者の不安を完全に払拭《ふっしょく》できるものでもなく、「善戦しているよ」メッセージを与えたところで、それが裏メッセージに取られ、それまでに受け取ってもらえたメッセージが崩れてしまうこともよくあるのです。味方になれていたのに、また敵に戻ってしまいます。

その場合は、崩れたメッセージをもう一度与えて、味方の関係を修復しなければなりません。

図15. **メッセージを与える順番には意味がある**

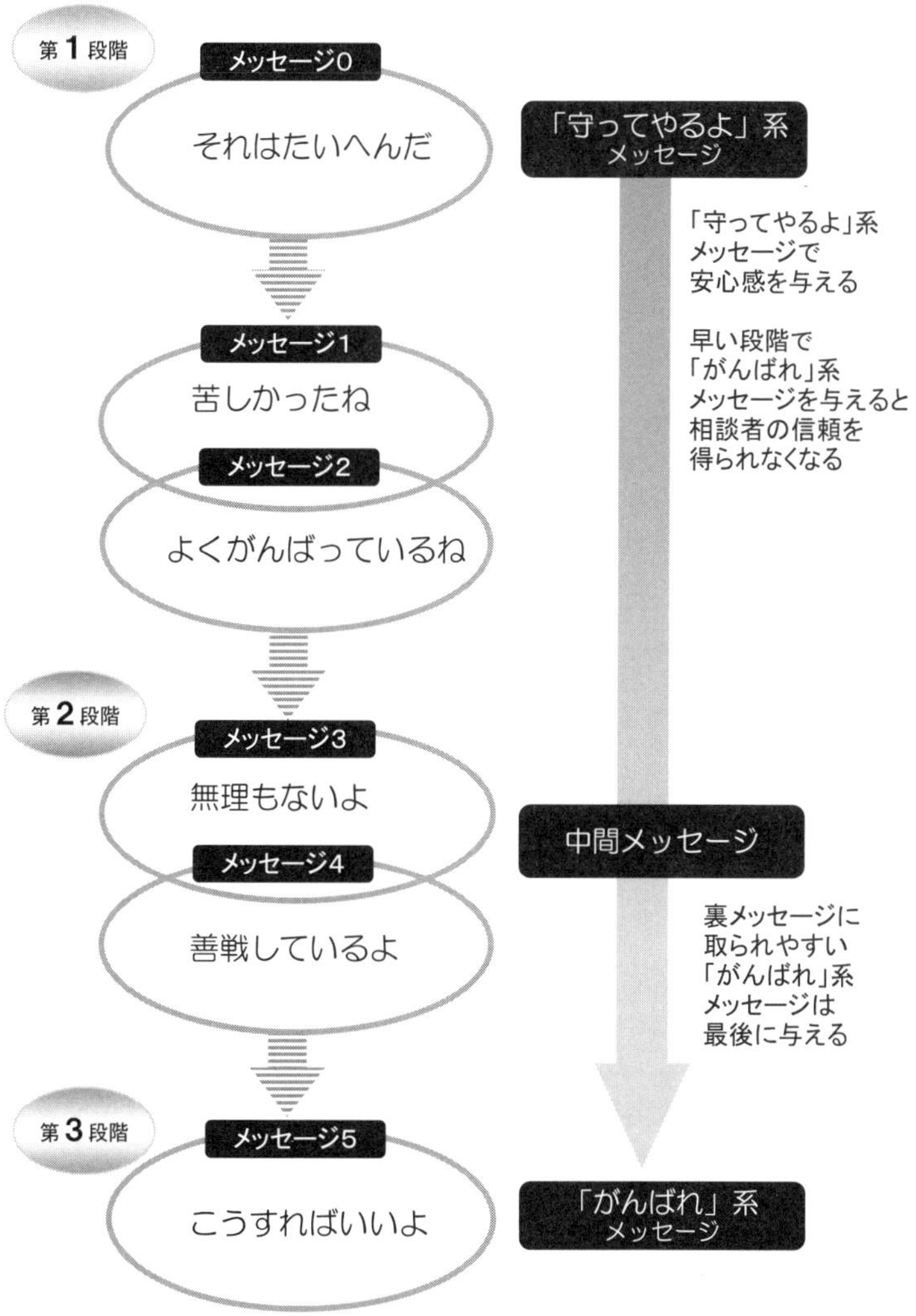
第1段階
メッセージ0
それはたいへんだ
メッセージ1
苦しかったね
メッセージ2
よくがんばっているね
第2段階
メッセージ3
無理もないよ
メッセージ4
善戦しているよ
第3段階
メッセージ5
こうすればいいよ
「守ってやるよ」系メッセージ
「守ってやるよ」系メッセージで安心感を与える
早い段階で「がんばれ」系メッセージを与えると相談者の信頼を得られなくなる
中間メッセージ
裏メッセージに取られやすい「がんばれ」系メッセージは最後に与える
「がんばれ」系メッセージ

## 2 言い訳を感じたら「味方になる」作業に戻る

悩みの深い相談者は、不安が強くエネルギーが少ないため、「がんばれ」系メッセージや中間メッセージを裏メッセージに取ってしまいます。

すると、あなたのやっていることが、相手を勇気づけるのではなく、相手を攻撃する、つまり殻に閉じ込めてしまうことになってしまうのです。

そんなときは、味方になる段階に戻らなければなりません。ただ、どうしたらあなたがそのことに気がつけるでしょうか。

そのポイントは、相談者の「言い訳」的な発言です（図16）。

裏メッセージに取った人は、しきりに、言い訳を始めます。

以前のあなたなら、言い訳を聞きながら、「そんな否定的な態度だから、悩みが大きくなるんだ」などと相談者を責める気持ちがわいてきていたでしょう。

しかし、本書をここまで読んできたあなたは、相談者の言い訳こそ、直前のあなたの言動が裏メッセージに取られて、以前に与えたメッセージが崩れかかっている兆候だと理解できるはずです。

## 図16. 言い訳を感じたら「味方になる」作業に戻る

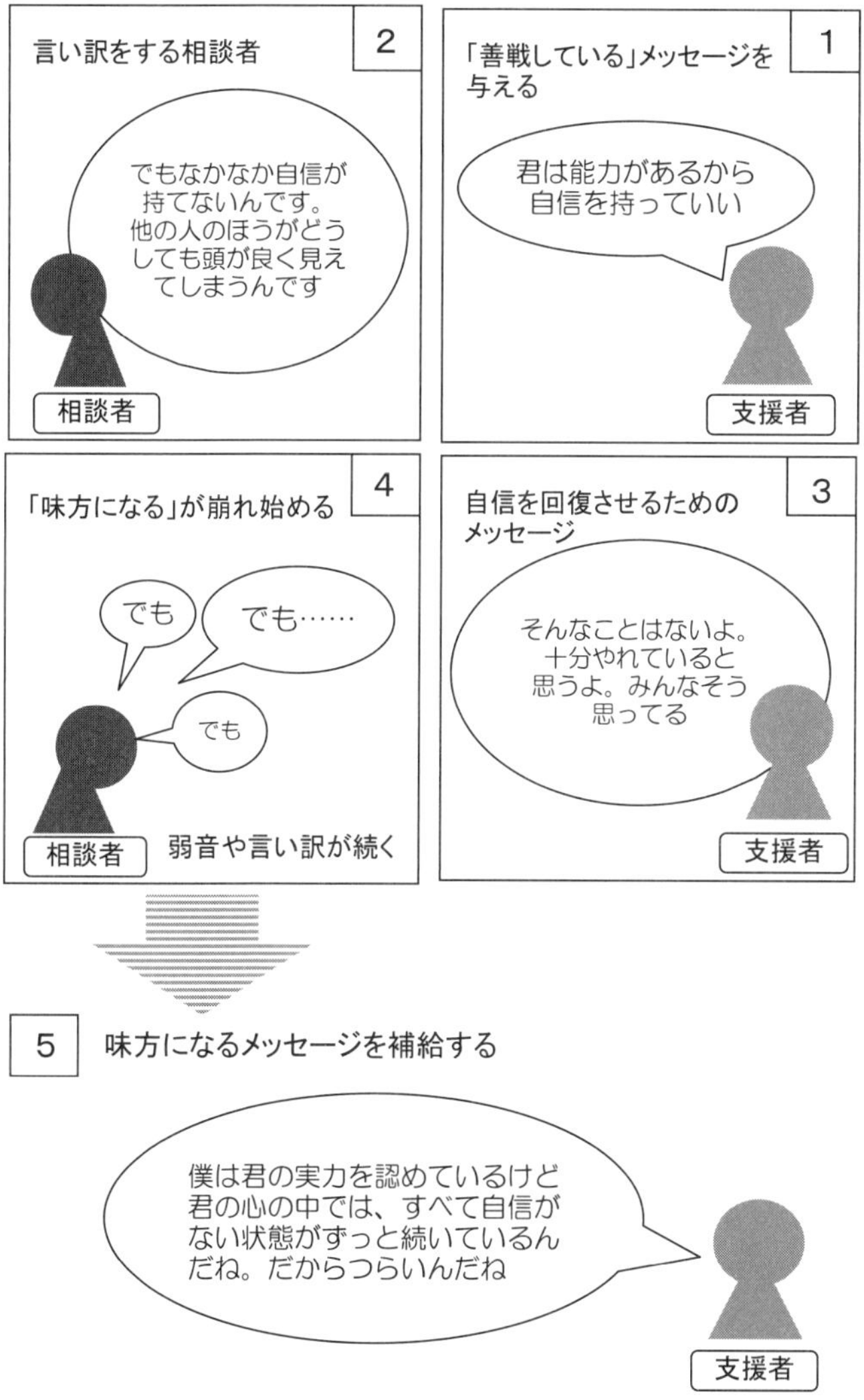
1
「善戦している」メッセージを与える
君は能力があるから自信を持っていい
支援者
2
言い訳をする相談者
でもなかなか自信が持てないんです。他の人のほうがどうしても頭が良く見えてしまうんです
相談者
3
自信を回復させるためのメッセージ
そんなことはないよ。十分やれていると思うよ。みんなそう思ってる
支援者
4
「味方になる」が崩れ始める
でも
でも……
でも
相談者
弱音や言い訳が続く
5
味方になるメッセージを補給する
僕は君の実力を認めているけど君の心の中では、すべて自信がない状態がずっと続いているんだね。だからつらいんだね
支援者

相談者が、自分の問題がいかに困難かを再度訴えたなら、「それはたいへんだ」「苦しかったね」メッセージが不足してきたのです。

相談者が、自分がどんなにいろいろ工夫したかを説明し始めたら、「よくがんばっているね」メッセージが足りないのです。

コラム

## 江原さんのメッセージコントロール

自分が与えるメッセージを意識しながら相談に対応することを、私は「メッセージコントロール」と呼んでいます。このメッセージコントロールのルールを押さえておけば、ほとんどの相談場面で、適切に相談者を支援できるでしょう。

私はサイキックカウンセラーと自称する江原啓之《えはらひろゆき》さんのテレビ番組を見るのが好きです。

私には霊能力などというものはカケラもないのですが、告白すると、きっとそんな世界があるのではないかなぁと信じている（感じている）人間の一人なのです。

それはさておき、私の視点から江原さんの対応を見ていると、じつにうまくメッセージコントロールをしていると感心します。

以下は、実際の江原さんのセラピーの場の再現ではなく、私の想像です。

――江原さんが、子供を失った夫婦の苦しみを聞きながら次のように言います。

「お母さん、今ね、○○ちゃんね、お母さんの右の肩、そうそこね、そこにさっきからずっといっしょにいるのね。（間）お母さん、たいへんだったんだね。よくがんばったんだね。（ここで、すでに相談者は泣き始めます）○○ちゃんね、僕にずっと言っていることがあるの。『悪いのはお母ちゃんじゃないよ』って」

相談者は、高名な霊能力者である江原さんがわざわざ来てくれた時点で、すべてを打ち明けようと準備ができています。この問題が「たいへんなこと」だから来てくれたのです。また相談を受ける江原さんはにこやかに笑いながらうなずいています。その時点で「あなたを攻撃しない、あなたの味方だよ」という雰囲気が作られています。

江原さんからの「お母さん、たい、へんだっ、たん、だね。よくがん、ばっ、たん、だね」という言葉で、「この人には、私の苦しさがわかってもらえているんだ」という思いが心をいっぱいにしました。

彼女が苦しんでいたのは「自分の責任で子供を失った」という自責の念です。ずっとそのことで自分を責めていました。またそのことで、天国の子供から恨まれる、他人からも「ひどい母親だ」と非難されるという不安を無意識に抱えていたのです。先の一言で、何も語っていないのに「江原さんには、すべてが、わかってもらえている」と感じられたのです（共感確認欲求）。

さらに「悪いのはお母ちゃんじゃないよ」と天国の子供が語っている、という江原さんの言葉は、彼女の自責を溶かします。これまでのつらさとがんばりを、亡くなった子供にも、江原さんにも、いっしょにいる家族のみんなにも、わかってもらえたのです。強力な「苦しかったね」「よくがんばっているね」メッセージが与えられました。

自分自身だけでなく、他人、あるいは天国の子供からも責め続けられてきたと思っているお母さんは、この言葉で、もう攻撃されない、という保証をもらえたのです。あくまでも、クライアントが語らなくても霊の世界ではすべてわかっているという、前提での効果です。これが**第一段階「味方になる」支援**です。

江原さんは続けます。

「○○ちゃんね、僕に必死に伝えているの。お母さん、○○ちゃんが亡くなってから、ずっと部屋にこもりっきりなんだってね。夜もあまり眠らずに、○○ちゃんのことを考えている。ずっと泣いてばかりいるんでしょう。○○ちゃん、ずっと見てくれているよ。お母さん、本当に○○ちゃんのことを愛していたんだね」

これで、「無理もないよ」メッセージが補給されました。彼女のさまざまな症状を「心が弱いからだ」などと受け取るのではなく、愛している子供を失った人の当然の反応ととらえてくれています。

さらに江原さんは続けます。

「お母さん。お母さんは自分を責めていましたよねぇ。自分がしっかり○○ちゃんに気をつけていれば良かったんだと。でもね、○○ちゃんは言っているよ、『僕がいけなかったんだ』って。お母ちゃんの言うこと聞かないで、一人で遊びに行ったからこうなっちゃったんだって。

それでね、○○ちゃん、お父さんにお願いがあるんだって。お父さんは、あの事件以降、お酒ばかり飲んでいるでしょう。苦しいのはよくわかるけど、もっとお母さんのことを、助けてあげてほしいんだって。○○ちゃんは、よくお手伝いする子だったんでしょう。お母さんが大好きでね、大きくなったら必ずお母さんのお手伝いをしたいと思っていたみたいだよ。それができなくなって、それがいちばん悲しいんだって。だからね、お父さんに自分の代わりにお母さんをしっかり助けてほしいんだって」

このストーリーで、母親には「善戦しているよ」メッセージ（子育てに関する自信喪失を救う）、父親には「無理もないよ」メッセージ（お酒に逃げることも認めてもらった）が与えられました。**第二段階「自信を取り戻させる」支援**です。

そんな二人の様子を見ながら江原さんは、

「○○ちゃんはね、どうも心配事が一つあるらしいのね。それはね、やっぱりお母さんなんだ。いつも○○ちゃんのことを考えてばかりでしょう。好きだった旅行にも行かなくなった。○○ちゃんはね、そのお母さんを見ることがつらいんだよね。だからどうしてもこの家から離れられないでいる。お母さん、○○ちゃんを安心させてあげようか」

と、亡くなった子が成仏できるような祈禱《きとう》を捧げてくれるのです。

ここで母親は今後どうすればいいかという明確な「こうすればいいよ」メッセージをもらいました。父親に伝えられた「お母さんを助けてあげて」も同じメッセージです。これはこれから紹介する**第三段階「解決のヒントを与える」支援**です。

もちろん、江原さんがメッセージコントロールを意識しているとは思いません。私が言いたいのは、人の心を癒すメカニズムとして、メッセージが重要な役割を果たしており、そのメッセージをいかに上手に提示していくかが、セラピストの本当の実力だということです。そういう意味では、私は江原さんを単なる霊能力者ではなく、良いカウンセラーだなと、感心してしまうのです。

たくさんの霊能力者がいますが、私が想像するには、われわれ凡人には見たり感じたりできないことを、感知できるのだと思います。問題はそれをどう表現するか、あるいはどのような視点でその世界を見ているかです。人の心を癒すポイント（メッセージ）がわかっている人は、その視点でその世界を見て、その視点で相談者に伝えるのでしょう。

多くの人の心を癒す才能があるかないかは（その世界を感じる能力の強さもさることながら）、このメッセージコントロールのセンスがあるかどうかにかかっているのではないかと思うのです。

これは、霊能力者に限りません。私たちはある一つのことを見ても、それぞれ自分なりのイメージを持ってしまいます。そして無意識のうちに自分なりの解釈（メッセージ）をこめてそれを相手に伝えているのです。

カウンセラー、弁護士、医師や看護師、教師、宗教家、占い師、さまざまな人が相談によって人を助けます。それぞれが見ている、知っている内容をただ伝えればいいというものではないのです。それぞれの世界をメッセージコントロールして、上手に伝えなければ、相手の心は救われないのです。

身近な人の相談を受ける私たちも同じです。相談者からさまざまな話を聞く。それをここで紹介したメッセージコントロールの視点で理解して、そのことを相手に伝え返します。私たち凡人は、江原さんのように霊的な世界からの情報を利用してメッセージを与えることはできません。地道に相手の話を聞きながら、少しずつメッセージを返していく作業を行えばいいのです。

# 第6章

# 実践ステップⅢ　解決のヒントを与える

## ●「相談者の頭を働かせる」という支援

相談者自身が冷静かつ柔軟な思考を広げられるように「要約・質問」「アドバイス」「シミュレーションを手伝う」ことで支援します。この最後の段階では、問題解決がテーマなのでメッセージ的には、「がんばれ」系メッセージ（＝「こうすればいいよ」）を与えます。裏メッセージに注意しながら進めていきます。

## 解決のヒントを与えるメッセージ

第一・第二段階は、相談者の味方になり、自信を回復してもらうことが目的でした。私の先輩のように、それだけで今の苦しみから脱出できる人も多いのです。私のカウンセリングの現場では、この第一・第二段階の支援が全体の八割と言っても良いでしょう。この支援をしさえすれば、多くの相談者が、自分の力でこれから紹介する第三段階を進んでいくのです。しかし中には、次の第三段階の支援も求める相談者もいます（図17）。

この段階では具体的な問題について考える支援をするのですが、1時間相談法のアプローチは5分間相談とは少々異なります。もちろんそれはこの段階の支援だけを求める「普通の悩み」の相談者にも適用できる方法です。

### メッセージ5 「こうすればいいよ」

第三段階の支援の中心は、問題の先が見えるようにして、不安を解消することです。「こうすればいいよ」メッセージを与えます。

図17. **第２段階をクリアできれば、自力で悩みを解消できる人が多い**

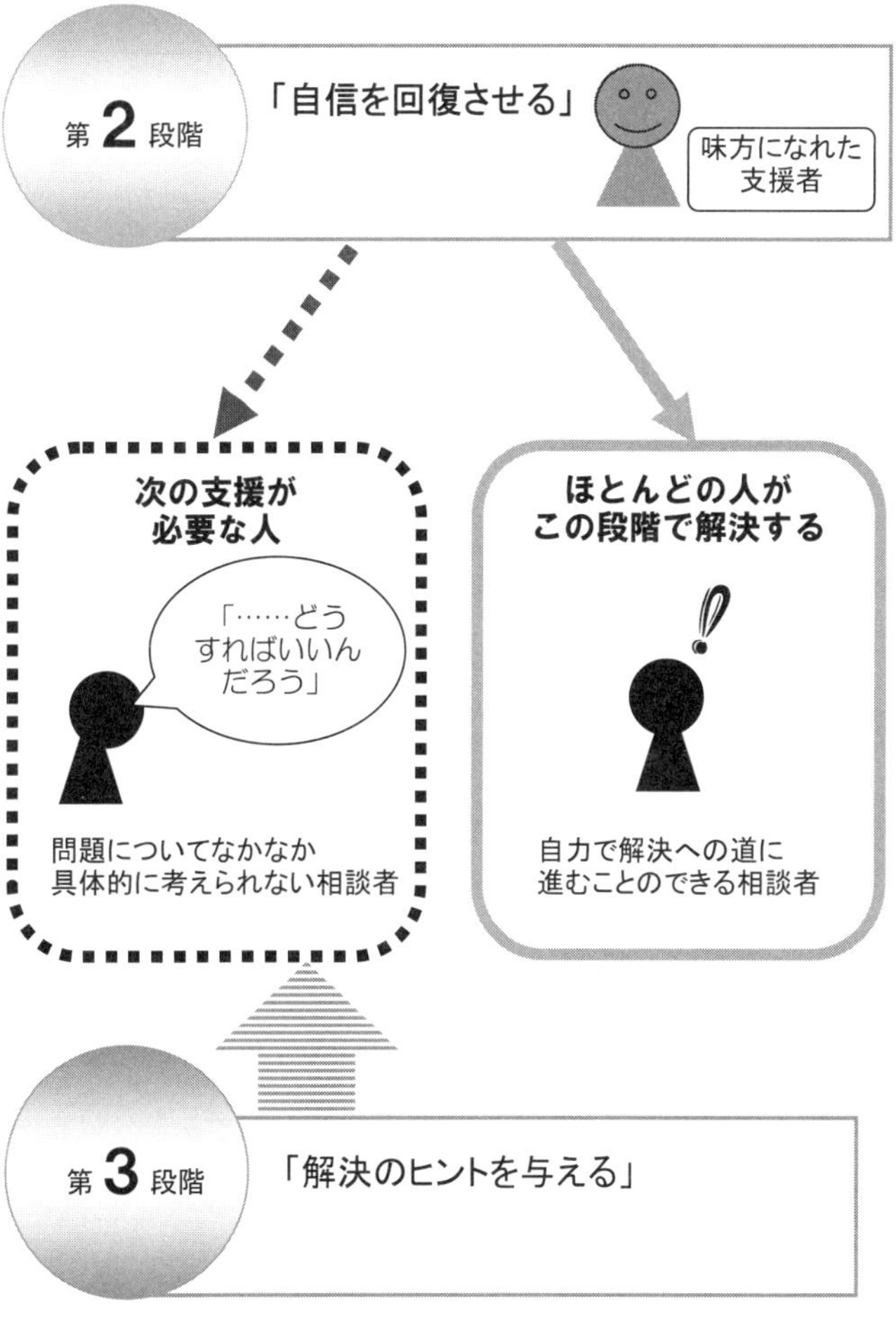
第2段階
「自信を回復させる」
味方になれた支援者
次の支援が必要な人
「……どうすればいいんだろう」
問題についてなかなか具体的に考えられない相談者
ほとんどの人がこの段階で解決する
自力で解決への道に進むことのできる相談者
第3段階
「解決のヒントを与える」

私たちは問題の本質が明らかになったり、解決の糸口が見えたりすると心が軽くなります。先が見えることによって、思い煩う必要性が少なくなるからです。ですから、相談者の問題をいっしょに考えて、解決できるようなアイデアを出してあげること、自分の経験などから具体的な方法を提示してあげることなどは、とても良い支援になります。

このように具体的な方法を提示するメッセージ「こうすればいいよ」の重要性は認められるのですが、1時間相談法では、優先順位が低く、最後に与えるメッセージになります。なぜならこのメッセージは「最も裏メッセージに取られやすい」という特性を持っているからです。

具体的な解決策や方法論が見出されたときに感じる心の解放感は、日常生活の中で誰もが知っていることです。そこであなたは、この「健康な人」の視点（自分でもこうしてくれれば心が軽くなるだろうという思い）から、相談の早い段階から、この解決策や方法論に関するアドバイスをしてしまいがちです。5分間相談に走りやすい支援者癖です。

でも思い出してみてください。相談者は非常におびえ、自分に自信がなく、少々偏った視点であなたの言葉や表情を観察しているのです。

あなたが相手の話をろくに聞きもせず、早い段階で「わかった。それはこうすればいいよ」と具体的な方法論に入ったとしましょう。

そうすると、相手には次のように受け止められてしまうのです。

「自分の問題は簡単だと思われている。話を聞いてもらえない」

**↓「それはたいへんだ」メッセージの否定**

「こんなに簡単に解決策が見つかるとは、きっとこの人はこの問題の深刻さを軽く見ているのだろう」

**↓「苦しかったね」メッセージの否定**

「自分はろくに努力してない人間だと思われているのだろう」

**↓「がんばっているね」メッセージの否定**

さらに

「自分は、弱い人間だと思われている」

**↓「無理もないよ」メッセージの否定**

「自分は頭の悪い人間だと思われている」

**↓「善戦しているよ」メッセージの否定**

このように早い段階での「こうすればいいよ」というアドバイスは、これまで紹介してきたすべてのメッセージを否定する裏メッセージになってしまうのです。結局、相手は助けてもらうより、攻撃されているような気持ちになってしまいます。そしてあなたが提示した具体策を一生懸命否定しようとします。言い訳的発言です。しかしそれに対してあなたは、また一生懸命、提示した解決策の良さを説得するという悪循環に陥ります。あなたが言うことは通常の場合「正しい」だけに、相手はいよいよ追い詰められてしまいます。

うつ状態の人に、「がんばれ」というはげましの言葉は厳禁だということを聞いたことがあるかもしれません。それは、うつ状態の人がいきなりこの「こうすればいいよ」メッセージを受けたときに感じる苦しみを表現しているのです。

第1章で紹介した事例1のお父さん、事例2の夫は、まだ味方になれていないうちにこの「こうすればいいよ」メッセージを出したので、受け入れてもらえませんでした。

事例3の裕子先輩は、女性らしくさまざまなメッセージを出しています。しかしその中心は、第二段階のメッセージ「無理もないよ」「善戦しているよ」と、この「こうすればいいよ」だったのです。いずれも裏メッセージに取られやすいものです。結局、手順とバランスが悪かったために、ユミさんに裏メッセージに取られてしまい、相談になりませんでした。

それでは、上手に「こうすればいいよ」メッセージを与えるためにはどうすればいいのでしょうか。

## 2 メッセージの与え方——相談者が本当に望んでいるメッセージとは

せっかく一生懸命考えてアドバイスしても、なかなか素直に従ってくれなかったという経験をもつ人も多いと思います。それにはこれまで述べた裏メッセージ以外にも、理由があるのです。あなたのアドバイスが、相談者が望んでいるものではなかったのです。

現代社会においては、新たな情報は、インターネットや情報誌にあふれかえっています。物の相談、お金の相談は、親族でなくキャッシング窓口へ。引っ越しの相談は、引っ越し業者、葬儀の相談は、葬儀会社。

ほとんどの相談がそのようなサービスを通じて完結されています。私たちは何かに困っても、知人に頼らず、企業や公共団体を利用するのです。

物事に対するやり方や経験についても、インターネットのサイトで問い合わせることができます。何を買うかは、価格の比較サイト。何を読むかも書店サイトの書評を参考にします。心理的なサポートは、人間の相談の主流ですが、それでさえ、掲示板から生まれた物語『電車男』のように、ネット上でもうまくいく時代なのです。

身近な人に頼っていた「相談」が、どうしてこうなってしまったのでしょう。もちろん専門的かつ新鮮な情報を手に入れられることも、このようなサービスの魅力ですが、それとともに、相談をすることに付随する余計な制約を避けることができるという大きな側面があるのです。

以前は、結婚の相談をするということは、見合い相手を紹介してもらうことと同義であり、仕事の相談は、仕事を紹介してもらうことでした。紹介してもらったものは、断りにくいし、その後も恩を感じて生きていくことになる。もちろん相手の意見やアドバイスにも従わなければなりません。紹介自体はありがたいが、その後のしがらみがあるから面倒くさい。現代社会のさまざまなサービスは、その面倒くささを排除するために生まれてきている部分があるのです。

このような社会の中で、相談者は**意見や情報はほしいが規制は受けたくない**のです。必要な部分だけ相談し、あとのわずらわしさは遠慮したい。

これを「都合のいいやつだ」と言うことは簡単です。でも、どう非難しようが、現代人が相談するとき、すでに現実としてこのような態度が存在しているのです。

さて、ではその「わがままな相談者」はいったい何を求めているのでしょうか。

それは新たな解決策や情報、ヒントを求めるというより、**自分の案の確認作業**であることが多いのです。

さまざまな情報は手に入っている。それに基づいて自分なりに取捨選択し、分析し、シミュレーションし、一つの結論に至ろうとしている。しかし、自分のこれまでの思考過程や判断が本当に正しいものなのか、重大な見落としをしてはいないかが心配なのです。

つまり、最終結論としての選択肢を示してほしいわけでも、情報がほしいわけでもないのです。むしろ分析力がほしいのです（次ページ図18）。

しかも、せっかく自分でここまで考えてきたわけですから、基本的にはあまり変えたくない。またその分析の中にはかなりの部分、個人的な好き嫌い（感覚的な選択）が含まれています。そういう部分は他人にいじられたくない、そう思っている場合が多いのです。

第1章で紹介した事例1でも、まさる君は自分自身が選択しようとしている判断に大きな間違いがないかを、父親に確認したかったのです。ところがそういう話にはならず、お父さんの説教を聞くことになってしまいました。メッセージ的に言うと、まさる君がほしかったのは「それでいいんだよ」というメッセージです。ところがお父さんの与えたメッセージは「それじゃダメだ。こうしなさい」というメッセージでした。結局、まさる君が求めていたものは得られなかったのです。

図18. **わがままな相談者がほしいもの**

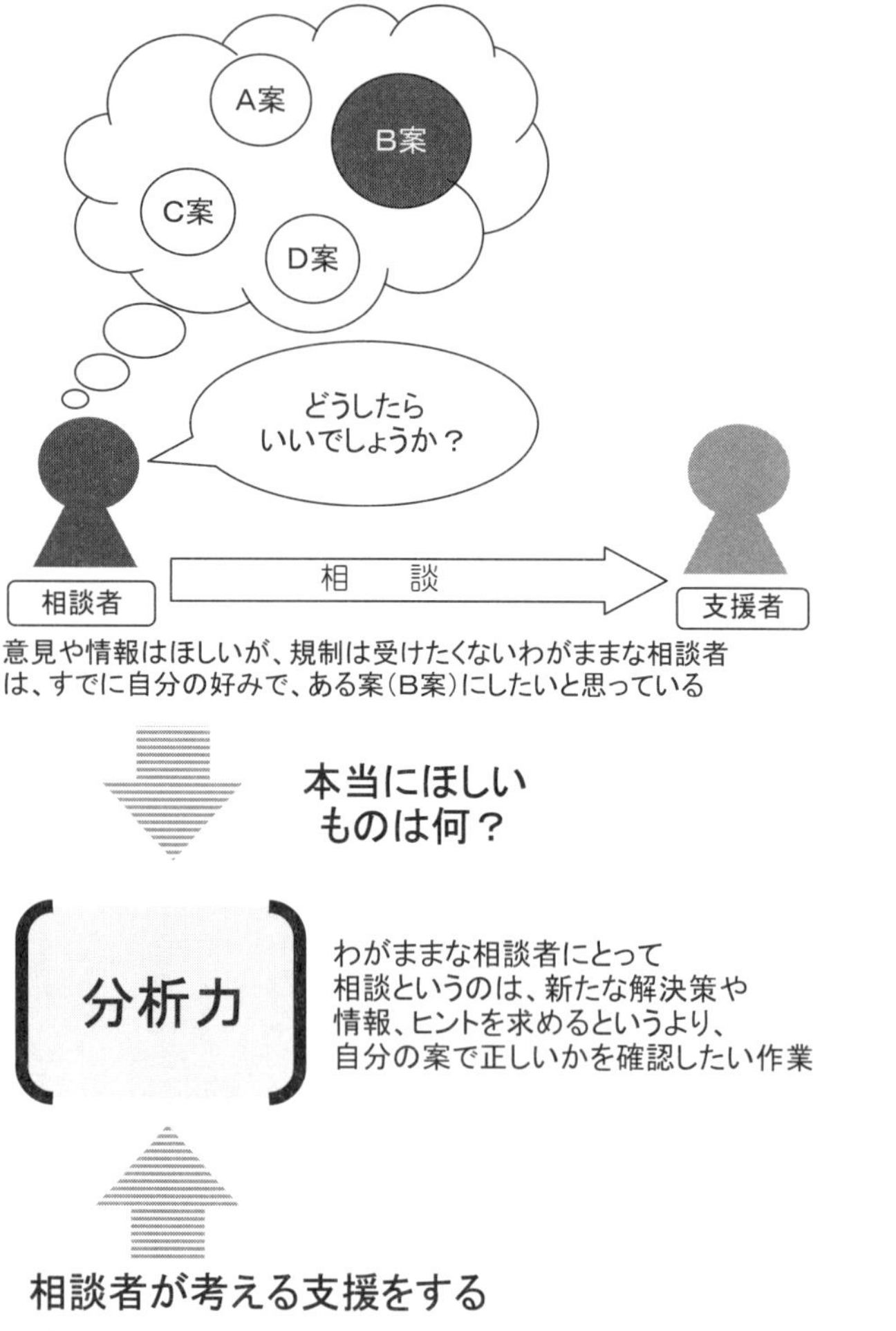
A案
B案
C案
D案
どうしたら
いいでしょうか？
相談者
相　　談
支援者
意見や情報はほしいが、規制は受けたくないわがままな相談者は、すでに自分の好みで、ある案（B案）にしたいと思っている
本当にほしい
ものは何？
分析力
わがままな相談者にとって
相談というのは、新たな解決策や
情報、ヒントを求めるというより、
自分の案で正しいかを確認したい作業
相談者が考える支援をする
相談者は自分の案を認めてほしい、だからこそ「相談者が考える」支援が必要

## 3 メッセージの与え方――環境を整え、刺激を与えなさい

５分間相談では、あなたがズバリと解決策を与えてあげます。しかし、１時間相談法では、あなたが直接、解決策を考えるのではなく、「相談者が考える」支援をするのです。考える支援をするということは、うまく頭が働くように、刺激を与えたり環境を整えたりするということです。つまりあなたは、相談者が「冷静かつ頭が冴えた状態で、考えを整理する」ことをサポートすればいいのです。

そのためには大きく二つのことを行います。

それは、**①相談者の頭が働きやすい環境を作る**ことと、**②より良い発想への刺激を与えること**です。

一つ目の、相手の頭が働くような環境作りでは、「熱心に聞いてもらっている」と感じる雰囲気作りと、相手の頭が働くリズムやテンポを作ることがポイントです。

もしあなたが誰かに相談していて、相手が見るからに上の空であなたの話を聞いていたとしたら、あなたはそれ以上話したいと思うでしょうか。自分の抱える問題について深く考えることができるでしょうか。答えはＮＯです。

相手が熱心に聞いてくれる、そう感じるからこそ、あなたは自分の問題をより相手にわかってもらおうと、整理しながら話をする。そのことでようやくあなたの頭が働き始めるのです。

また、頭をうまく働かせるためには、リズムが必要です。会話をすることでリズムが生まれます。相談を受ける人は相手の話しやすいリズムを維持することで、相談者の頭の中で問題の整理がうまく進むように支援するのです。

ここでおわかりのように、じつは「味方になる」段階で紹介した二つの魔法（うなずきの魔法、要約・質問の魔法）は、すでに第三段階で行う作業の下準備もしていたのです。

さらに、これは熱心に聞く雰囲気やリズム以前の問題ですが、不安や過剰な警戒心にとらわれていては、問題に目を向けることはできません。

この意味からも、第一・第二段階は、「味方になる」「自信を回復させる」という目的だけでなく、同時に、問題に集中するための基礎作りをしていたと言い換えてもいいのです。第一・第二段階で満足した人は、その段階ですでに、問題について自然に前向きな思考をするようにもなってきているのです。第一・第二段階の支援だけで満足して相談を終わる人が多いというのは、そういうことなのです。

第三段階であなたが行う二つ目のサポートは、より良い発想への刺激を与えることです。

そのためには、要約・質問やアドバイス、シミュレーションを使っていきます。カウンセリングで行うアドバイス（提案）は、実行させるものではなく、クライアントの頭に刺激を与えるものなのです。アドバイスをされると、クライアントはそのアドバイスを自分のケースに当てはめてみようとします。その瞬間に頭が働き始めるのです。

第三段階は、メッセージ的に言うと「こうすればいいよ」というメッセージです。具体的な問題解決法がテーマなので悩みに対し即効性が期待できます。しかしこのメッセージは「がんばれ」系メッセージです。効果も高いが副作用も大きいため、バランス感覚良く支援していかなければなりません。

## 4　解決のヒントを与えるテクニック①　テーブル広げ

三〇分間相手の話を聞いた後にまず行うのは、「テーブル広げ」と私が呼んでいる要約です。

これまでの要約は、質問の前に置く小さな要約（要約・質問の魔法　122ページ）でした。これは相手の話に注目しているということをアピールすると同時に、あなたの質問が尋問調になるのも防止してくれます。あまり長く要約しないので、相手の話のリズムを損ねることもありません。これに対してテーブル広げは、相手の思考を整理するための要約です。

**〈要約のテクニック　「テーブル広げ」〉**

相手の話に含まれていたさまざまな要素、一つ一つをコンパクトにまとめながら要約し、それまでの話を一気に振り返る。

**ポイント** あなたがいったん話を受け取って、相手のリズムを切ります。実際に紙と鉛筆を使って、相手の話を聞きながら要素を書き出し、その作業を利用しながらテーブル広げをしても結構です。

たとえば、次のようになります。

「なるほどね。ちょっと待って。今までのところをまとめさせてね。君がこの職場に来たのは、前の職場から『出された』と思っているんだよね。前の職場では、上司と馬が合わなかった、というか上司がひどいやつで君の実力に嫉妬していた部分があるんだよね。（うなずく相談者）それに、君の後輩たちもどうもその上司と連携を取って、君を排除したがっていた」

「いやそれは、僕がそう思っていたというだけなんですけど」

「なるほど。でも送別パーティーでのことを考えると、君を排除したがっていたようにも思える。（うなずく相談者）

そして君はここに来て、どうも今の職場の雰囲気にも馴染めないでいる。他の人は、自分を避けているようにも感じるし、自分に必要なことを、わざと教えないようにしているんじゃないかと思っているんだよね。先日も自分だけ朝礼があることを知らされていなかったし、自分の机だけ、カギが壊れていることも、気になっているわけだ」

このように、相談者が話した内容（要素）を一気にテーブルに広げるように提示するので、「テーブル広げ」という名前をつけているのです。

このテーブル広げによって、次の三つの効果が表れます。

### 効果① 話すことが中心だった相談者のリズムをいったん崩すことができる

話すことは表現欲求を満たします。ところが「わかってほしい」と焦る人の話し方のリズムは、少々早いテンポになっている可能性があります。話すことは、リズムさえ良ければ、問題を解決するための思考を働かせる潤滑油になります。そこで、感情が高ぶっている相談者の思考を巡らせるのに適したリズムに変えなければなりません。

そのためにいったん話を受け取って、相手のリズムを切るのです。そしてあなたが、一つ一つを噛みしめるように話しながら会話を思考に適したリズムに調整していくのです。

### 効果② これまで相談者が話した要素を一気に相談者に見せてあげられる

先のテーブル広げの例は、相談者が三〇分かけて話した内容です。初めのうちの話題（前の職場での処遇に関する不満）と後のほうの話題（今の職場での不満）は、実際の会話では、かなり時間が経っているので、直接関連した内容であるとは、相談者は気がついていません。ところがこのようにテーブルに広げられると、「自分はいつも人から嫌われているのではないかとおびえている」という共通点が浮かび上がってくるのです。

問題解決の手法としてＫＪ法というものがあります。問題のさまざまな要素をカードに書いて、大きな紙の上でそのカードを並べるのです。すると、思いもよらないカード同士の関連性に気がついたり、複数のカードを一つのグループとして考えることができたりします。このテーブル広げは、それを言葉の世界で、仮想のテーブルに広げて行おうというものです。

## 効果③　言葉のブレによる「自然な刺激」の提供ができる

悩みは、新しい発想によって軽くなることが多い。つまり発想のヒントを与えれば、悩みの解決に至る支援をすることができます。これは誰でも知っていることです。

私たちが悩んでいるとき、それを解決してくれたのは、友人からの一言であったり、本のワンフレーズであったり、映画の主人公の一つの動作であったりします。これらはすべて新しい発想のヒントとなったのです。だから、あなたはそのような発想のヒントを与えたくなります。支援者癖です。ところが問題は、そのようなヒントが、相談者にとってヒントとなり得るかどうかということです。

あなたが与える刺激が、強い「こうすればいいよ」メッセージを持っているとすれば、それは「自分自身で決めたい」という相談者の根本思考に反しますし、「こんなことも思いつかないお前はダメなやつだ」「お前の問題はたいしたことない」「お前は努力してない」などの裏メッセージとして受け取られやすく、せっかくの第一・第二段階での努力を無駄にしてしまう可能性が高いのです。

また、相談者の今の思考からあまりにも離れた刺激では、発想のヒントになりにくいし、ほとんど変わらないような程度のものであれば、新しい発想は生まれません。相談者の思考から、ほどよく離れた思考、これが新しいヒントとなる可能性のある刺激なのです。二つの電極が接していても、あるいは離れすぎていても、雷は生じません。ほんの少し離れた刺激（まったく同じではないが、遠すぎない刺激）が、新たな発想の火花（スパーク）を散らすのです。

このように、①あなたが意識的に新しい考えを提示したものではなく、②適切な距離を持っている、そのような刺激が、相談者にとっては新しい発想のヒントとなります。これを私は、「スパークしやすい刺激」と呼んでいます。

あなたは、第三段階を通じてこのスパークしやすい刺激を与えていくのです。テーブル広げでは、できるだけ相談者が話したように要約するのですが、そこにはどうしても個人（あなた）が持つ言葉のブレや、言葉による圧縮が含まれていきます。これが相談者にとっては、「考え方を変えろ」というあなたの下心を伴わない、ほんの少し離れた距離の刺激、つまりスパークしやすい刺激になるのです（177ページ図19）。

テーブル広げは、それを行ったから必ずスパークするというものではありません。スパークしやすい、その可能性が高いというだけです。

**相談とは、相手の心が軽くなる可能性のある作業を積み重ねていくこと**です。イチローだって、すべての打席でヒットが打てるわけではありません。しかしその確率が高いのです。だから偉大な選手と言われるのです。

あなたも「相談しがいがある」と言われたかったら、打率を上げるための努力を積み重ねていけばいいのです。

さてテーブル広げが終わったら、次はどうすればいいのでしょう。

実際には、このテーブル広げがなかなかすぐには終わらないことが多いのです。また三〇分という時間で、第一・第二段階が完成するという保証はありません。

表現欲求や共感確認欲求が満たされていない（いまだに不安や警戒心が強い）相談者は、テーブル広げの途中でも、あなたの言葉の間隙で話し始めるでしょう。あるいは、あなたの認識のずれを見つけたら、例であげたように「いやそれは、僕がそう思っていたというだけなんですけど」と修正するために話し始めるかもしれません。

そのような場合は、味方になるための「苦しかったね」や「よくがんばっているね」メッセージがまだ十分伝わっていないわけですから、引き続き話を聞きます。

その段階で無理に第三段階に入ろうとしても、結局裏メッセージを取られるだけです。

そうやって中断しながらも、何とかテーブル広げが終わったら、いよいよ次の刺激を与えるための作業に入ります。

図19. **テーブル広げの効果**

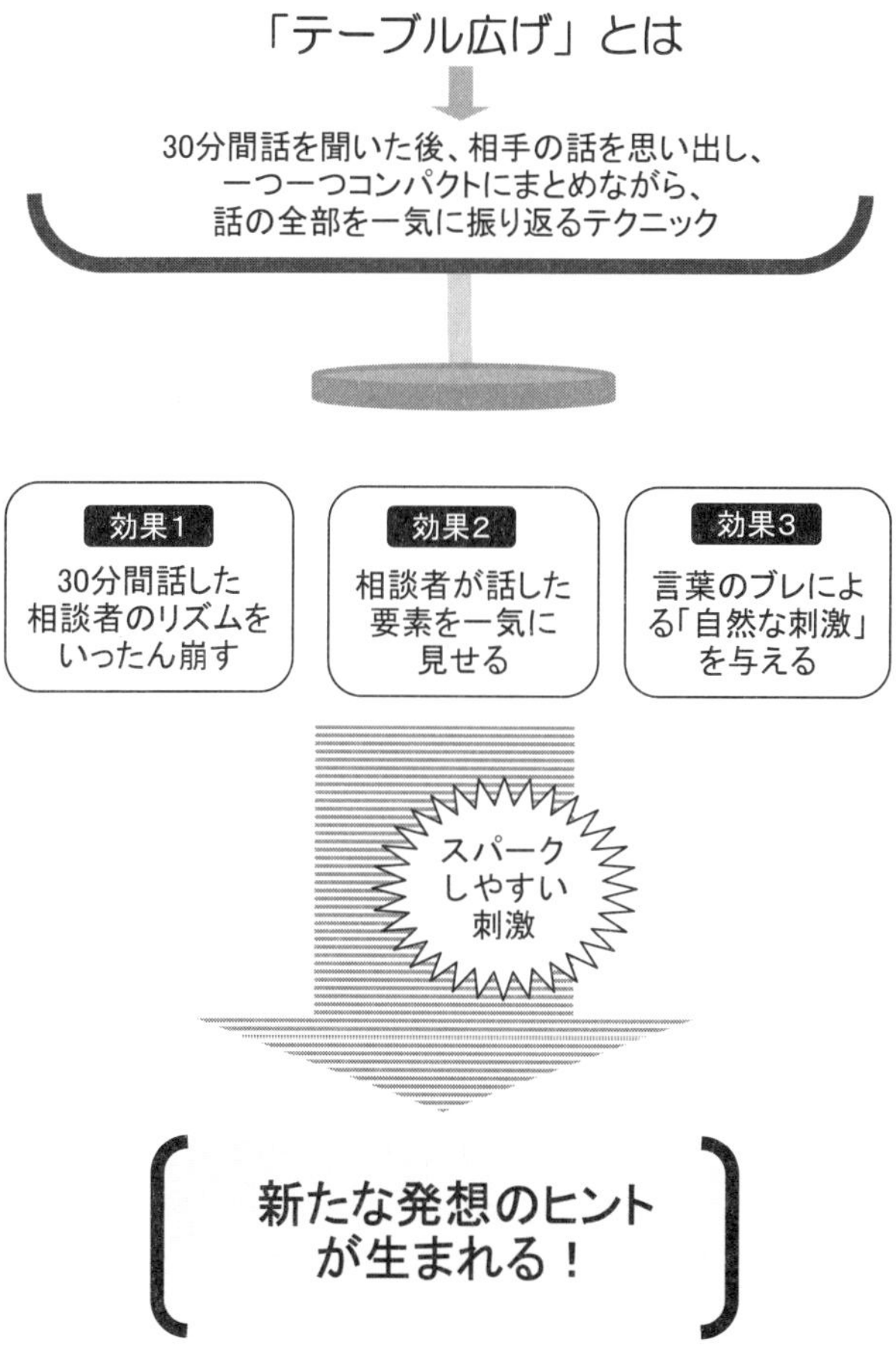
「テーブル広げ」とは
30分間話を聞いた後、相手の話を思い出し、
一つ一つコンパクトにまとめながら、
話の全部を一気に振り返るテクニック
効果1
30分間話した
相談者のリズムを
いったん崩す
効果2
相談者が話した
要素を一気に
見せる
効果3
言葉のブレによ
る「自然な刺激」
を与える
スパーク
しやすい
刺激
新たな発想のヒント
が生まれる！

## 5 解決のヒントを与えるテクニック②
## 「アドバイス・どう?」の魔法

テーブル広げが終わったら、次は下園カウンセリングの第三の魔法「アドバイス・どう?」を使います。

カウンセリングを勉強したことがある人は、「アドバイスしてもいい」などということを聞くと、ちょっとしたカルチャーショックを受けると思います。

日本で教えられるカウンセリングでは、理論上はアドバイスなども認めてはいますが、実際のトレーニングなどでは、「カウンセラーは自分の意見を言ってはいけない。アドバイスなんてもってのほか」と教えられているはずです。

そこまで、アドバイスが毛嫌いされているのには、訳があります。本書で何回も説明してきた支援者癖が出てきやすいからです。

アドバイスをすると、どうしてもそのアドバイスを受け入れさせたくて、クライアント(相談者)よりカウンセラーのほうがしゃべってしまいがちになります。また、アドバイスをしたことが裏メッセージに取られ、これまで積み上げてきたメッセージが一挙に崩れてしまうことは、何度も説明してきました。

だから、カウンセリングの世界では、一般的にアドバイスが嫌われるのです。第1章の事例5のカウンセラーの極端な態度を思い出してください。徹底的に自分の意見を言わないようにしているのです。

ところが、そもそも相談というコミュニケーションの本質に立ち返ると、一人で情報を分析するより、多くの人の情報を持ち寄り、多くの人の頭脳（コンピュータ）を使って問題を処理したほうが、格段に良いアイデアが生まれるはずです。コンピュータを単なる計算機として単独で使っていた時代と、多くのコンピュータがインターネットでつながれた現代社会の情報量の差は、誰もが認めるところです。だから、「完全に聞き手に徹しなければならない」というルールがあるほうが、不自然なのです。実際に、素人同士の相談では、経験談やアドバイスが相談者にいろんなヒントを与えていることも多いのです。

ただ、たしかにアドバイスや経験談のデメリット（副作用）もあります。そこで、ここでは上手なアドバイスのしかたを考えてみようと思います。

副作用の少ないアドバイスのしかたには、次のような心構えが必要です。

## アドバイスは、相手に「実行させる」ためのものではない

相談者は、まだ相談者の背景をすべて語ったわけではありません。たかだか三〇分しか

説明していないのです。しかも、言いにくいことは言わないでいるでしょう。

もしあなたが、恋人との仲がうまくいかないことを誰かに相談したとします。あなたはすべてのことを話しますか。彼（彼女）があなたの過去のことを気にしているとか、夜の生活の好みの問題、あなたのお金遣いの問題……。自分自身でわかっていても、自分の不利になること、人に知られたくないことは、なかなか人には打ち明けないものです。それが普通です。

そんな状態で、もし何らかのアドバイスをされ、それを実行するようにしつこく迫られたらどうでしょう。全体像をわかっていない人が出すアイデアは、あなたにとって受け入れられるものでしょうか。

わずか三〇分聞いただけで、相手の状況がすべてわかっていると勘違いしてはいけません。でも三〇分間も相手の話を聞いたのです。何か言いたい。それが人情です。

だから、あなたも意見を言ってもいいのです。がまんばかりしていると、あなた自身のストレスが増大して、相手に優しい気持ちを持てなくなってしまいます。アドバイスだってしてもいいのです。

ただし、それはあくまでも相手の「思考を揺さぶる」ためのものです。「実行させる」ためのものではありません。その提案や意見に、あなたが固執してはいけないのです。

あなたの意見や提案を、相手は自分の立場にあてはめて考えます。あなたがアイデアを出してくれたということは、あなたが熱心に関わっているというメッセージを伝えます。相談者はそのメッセージを受けて、そのアイデアが自分に受け入れられるものかどうかを真剣に考えるでしょう。つまり頭が働くのです。これこそが第三段階の目的です。

さて、具体的にはどのようにアドバイスをすればいいのでしょうか。

**〈「アドバイス・どう?」の魔法　基本要領〉**

アドバイスは一〇秒以内。アドバイスの最初に「私（僕）だったら」と枕詞をつけ、最後に「どう?」をつける。

**ポイント** アドバイスを一〇秒という時間で制限すること。自分の意見をくわしく説明しようとすると、それが裏メッセージに取られたり、相談者の話す時間を奪ってしまうことになります。だから、一〇秒と限定するのです。

アドバイスは一〇秒以内に終わらせること。私のカウンセリングセミナーでは、これを徹底的に練習します。一〇秒で言えるアドバイスとは、自分の思いを一言、二言いう程度です。

そして、「私（僕）だったら」という枕詞（初めの言葉）をつけます。たとえば、

「私だったら、思い切って仕事を辞めちゃうけど」

「私だったら、まずお父さんに相談してみるけど」

「私だったら、とりあえず仕事を探してみるな」

「私だったら、もう忘れようと決めて、考えないようにするかも」

のように、間接的なアドバイスの形にするのです。

アドバイスすると熱心に関わっている感じがします。もちろんそれはいいことなのですが、一方で相手も、あなたのアドバイスを否定するのにエネルギーが必要になるのです。

先に述べたように、この場合のアドバイスは、相談者に実行させるためのものではありません。相談者が「それはできない、なぜなら……」と思考を巡らせるための刺激なのです。とすればむしろ、あらかじめ否定されることを前提に提案するほうが親切なのです。

だから「私だったら」という間接的な提案の形にする。これなら相談者も否定しやすいのです。「君の場合はそうかもしれないけど、僕の場合はちょっと違うんだ。だって……」

と説明することができます。

この「言い訳（アドバイスを実行できない理由）」を話題にすることによって、相手の心理状態や考え方（苦しさやがんばり）を、もっと具体的に知ることができます。相談者も「もっとよくわかってもらえた」と共感確認欲求をいっそう満たすことができるのです。

できない理由を十分語ってもらったら、そこからまた第三段階のスタートです。あなたが実行する案を探しているのではありません。相談者が実行できる案、相談者が「納得できるとらえ方」、それを探していくのが1時間相談法なのです。

また提案の最後に「どう？」をつけるのも重要なコツです。

提案しっぱなしだと、せっかくアイデアを出してくれたあなたに気を遣う相手は、あからさまにそれを否定できません。するとどうしても、黙ってしまうことが多くなるのです。あなたはそれを見て、「自分の説明が足りなかったからだ」と早合点し、自分のアイデアの補足説明をだらだらとしてしまうのです。

これを避けるために一〇秒以内のアドバイスの後に、「君はどう？」という結詞（終わりの言葉）をつけるのです。つまり相手にボールを投げかえすのです。

「私だったら、まずお父さんに相談してみるけど……。どう？」

「私だったら、とりあえず仕事を探してみるな。あなたはどう？」

という感じです。

これを、私は第三の魔法「アドバイス・どう？」と呼んでいます（図20）。

## 「アドバイス」についてのアドバイス

相談において、経験や意見、アドバイスを言うのは原則的にOKです。これこそが相談の醍醐味《だいごみ》でしょう。しかしそれが逆効果になることが多いことも忘れないでください。アドバイスやはげましは「こうすればいいよ」という「がんばれ」系のメッセージなのです。これは優先順位の低いメッセージ。相談場面ではもっと大切なメッセージがあることを忘れないでほしいのです。

とことん話を聞いて、最後の最後に提案するというぐらいの気持ちで臨んだほうが良いでしょう。

**「味方と認められるまでは、耳を貸してもらえない。自信が回復しないと、アドバイスは受け入れてもらえない」**

このゴールデンルールを頭に叩き込みましょう。

## 図20.「アドバイス・どう？」の基本テクニック

テーブル広げの後に実行する第3の魔法「アドバイス・どう？」。
こちらの案を、あらかじめ否定されることを前提に聞くのがコツ

① アドバイスは**10秒**以内

② **私だったら**という枕詞をつける

③ 最後に「**どう？**」をつける

例1

「**私だったら、**まずお父さんに相談してみるけど……。**どう？**」

例2

「**私だったら、**とりあえず仕事を探してみるな。あなたは**どう？**」

例3

「私だったら、忘れようと決めて考えないようにするかもな。どうだろう？」
支援者

また、本というメディアの特性上、要素を一まとめずつ説明してきているので、ついつい忘れているかもしれませんが、アドバイスの前には三〇分聞き続けること、そしてテーブル広げをする、という段階があることを忘れてはいけません。

いきなりアドバイスなどしたら、予選落ちです。

三〇分聞いて、テーブル広げをし、「アドバイス・どう？」の魔法をかけてみます。一回のアドバイスで、相談者の頭を揺さぶることができたら、また聞くのです。うなずきの魔法と要約・質問の魔法です。そしてある程度聞いたらまたテーブル広げをして、「アドバイス・どう？」の魔法、これを繰り返していくのです。これが1時間相談法の「相談を受ける」という内容なのです。

忘れないでください。あなたが解決策を示すのではないのです。相談者が不安な心を落ちつかせ、自分の解決策に自信を持つために、この相談の時間があるということを。

このようなステップを繰り返しているうちに、相談者が自ら、自分自身のアイデアを放棄し、新たな「次の案」に移ることもあります。それは一つの結果であって目的ではありません。目的は、どんな案であれ相談者の心が落ちつけばいいのです。

また、相談の中で、たまたまあなたが提案したことが、相談者に受け入れられることがありますｓ。これはこれでめでたいことです。今日は運がいいのでしょう。

しかし、そこから少し注意が必要です。相談者が、それを本当に実行するかどうかには、こだわらないでください。あなたの人生ではなく、相談者の人生なのです。そのときは、いいなと思っても、家に帰るとまた違う感覚になるかもしれない。あなただって、そんなことはたびたび経験しているはずです。

ところが、相談場面で相手が同意してくれたことが、あなたにとってもうれしい分、どうしても「本当に実行したか」が気になってしまいます。

相談者の立場になって考えてみてください。相談しているときは、なるほどと思ったが、しばらくたつと「待てよ」と考えが変わってきた。あなたに何と言って説明しようかな、困ったな……と、相談者に逆にプレッシャーを与えてしまいます。

そこで、私などは、相談者が私のアドバイスで先が見えた感覚を持てても、「よかったね。今は、そうしようと思っていても、またいろんな状況が変わるかもしれないから、この案にこだわることはないからね」と提案を実行しなくてもいいという保証を与えるようにしています。もちろん、後で「案を実行したか」という事実にこだわることはありません。

## 6 解決のヒントを与えるテクニック③　シミュレーションを手伝う

感情のトラブルから脱出し、ある程度自信を回復してきた人が、次に「自分の案でいいのか確かめたい」と考える場合が多いことは、先に説明しました。

自分なりに情報収集し、最終的には自分の好き嫌いで一つの案を選ぼうとしている。しかし、そこにはやはり自分だけで決めたという不安もあり、何か大きな見落としや、ミスをしてないかという心配が残っています。

そこで、自分中心の好みによる選択部分は変えずに、全体を信頼できる人の目で見てもらい、重大な間違いがないかを指摘してほしい、そういう相談が多いのです。

そのようなケースの場合は、シミュレーションを手伝うことになります。

**シミュレーションとは、こうしてみようかなと思っている案を実行した場合の、効果、周囲の反応、その後の相談者の立場などへの影響を予想する作業**です。

関係する相手がいる場合は、〈自分がこう動くと、相手はこう出る。するとこうなるな……〉のように、相手の反応を読みながら実行します。将棋やオセロで相手の手を読むようなものです。この作業を行うと、検討した案が本当に実行できるのか、問題点は何か、それは対処可能なものかなどが明らかになるので、問題解決に向けて前進できるのです。

こう説明すると一見難しいことのように感じるかもしれませんが、悩んでいる人は、すでに何らかの形でシミュレーションを実行しているはずです。一応分析してみたが、こうすればいいという確信（安心）に至れない。だから悩んでいるのです。

シミュレーションは、思い込みが強くなっている人が一人でやると、なかなかうまくいきません。客観的な視点で相手の動きを読めないし、対処へのアイデアも浮かばない。ところが手伝ってくれる人がいると、シミュレーションはうまくいきやすいのです。相談者一人では、思いつかなかったことでも、その問題点にも気がつき、解決へと向かいやすくなります。**人に相談するという構造の効果が最も端的に現れる場面**の一つです。

## 7　相談者にすでに案があるときのシミュレーション

さてテーブル広げの後、あなたの頭の中にはすでに問題解決の方法が浮かんでいるかもしれませんが、それを提示するのではなく、こう聞いてみてください。

「なるほど、なかなか難しい状況だよな。ところで、その状況で、今のところ君は、どういうふうにしようと考えているんだ」

傍点の「今のところ」というのがポイントです。それが不十分でも、君が今考えていることを話してごらん、というメッセージです。これによって相手も自分が考えていることを話しやすくなります。たとえ相手の話を三〇分聞いて味方になれたと思っても、警戒心がなくなったとは限りません。このメッセージで相談者は、不十分な案を示しても非難されなくてすむという保証を得られるのです。

この質問で相談者が自分の案を出せたら、それが実際うまくいくのかシミュレーションしてみます。

たとえ、その案を一言聞いただけで、あなたにとって検討に値しないものであったとしても、それを否定しないでください。

「なるほどな、わかった。じゃ君の案を検討してみようか。僕なりにいろいろ感じたり、不安になるような部分を聞いていくから、一つ一つどうなるか確かめてみよう。もし不具合があれば、その対策を考えていこう」

と、あくまでも相談者が提案する案を肯定しようというスタンスで臨んでください。

相談者が提示した案が欠陥だらけに見えても、**その案をなんとか部分的に修正して、少しでもマシなものにする、というつもりで支援**していただきたいのです。焦って自分の案を提示すると、その段階で失敗します。相談者は、その案の良し悪しではなく、むしろ自分の選択を否定され、自分自身を拒否されたと判断してしまいます。

その人はあなたに相談しなければ、そのまま自分の選んだ案を実行したでしょう。それが前提と思いましょう。「自分で選んだ」ということに現代人はこだわっているのです。あなたの案が正しいかもしれない。でも相談者は、自分の好みで、自分の人生の選択をしていきたいのです。

人生経験豊富で、先の見えるあなたが「こうすればいいのに」と胸に秘める案、それはそれでたいへん貴重なアイデアです。相手が求めれば、そのときに提示すればいい。ただ、それはまだ早いのです。

実際のシミュレーションのやり方は、次のようになります。

相談者の話した案に対して、ここが不安だなという部分を具体的に聞いていきます。

——たとえば、父親に資金を借りて起業しようと考えている相談者の例です。

「なるほど、それで今のところ君はどういうふうにしようと考えているの？」

「そのときがきたら、父に頼もうと思っています」

「お父さんに頼むのか。お父さんはそのことを知っているの？」

「いえ、まだ話してないんです。たぶん、大丈夫だと思うのですけど」

「お父さんには話していないけど、なんとかなると思っているんだね。ん〜。でもそれはどうかかな。もし僕が君のお父さんの立場だったら、急に言われてもすぐに返事ができないと思うよ。お父さんだって、いろいろ計画があるし、弟さんとの関係もあるし、何しろ、普通お金をそんなに簡単に都合できないと思うんだけど」

「………」

「僕だっ、たら、まずはすぐ、アイデアの段階でお父さんに相談するけどな、ど、う？」

「父は、しっかりした案を持ってないと、受け入れてくれないと思うんです」

「そうか。お父さんはそういうタイプなんだ。じゃどうすればいいだろう」


このように、できれば「要約・質問」や「アドバイス・どう？」などを交えながら、一つ一つのテーマを具体的にどうしようと思っているのか、相手がこう対応してきたらどうするのか、などについて想像していくのです（図21）。

あなたが「ここは危ない」と感じる部分は、必ず指摘してください。あなたは、相談者の指揮官ではありませんが、相談者のことを心配している味方なのです。また、たとえその指摘を相手が受け入れなくても、それ以上はこだわらず、他の部分のシミュレーション

## 図21. シミュレーションを手伝う

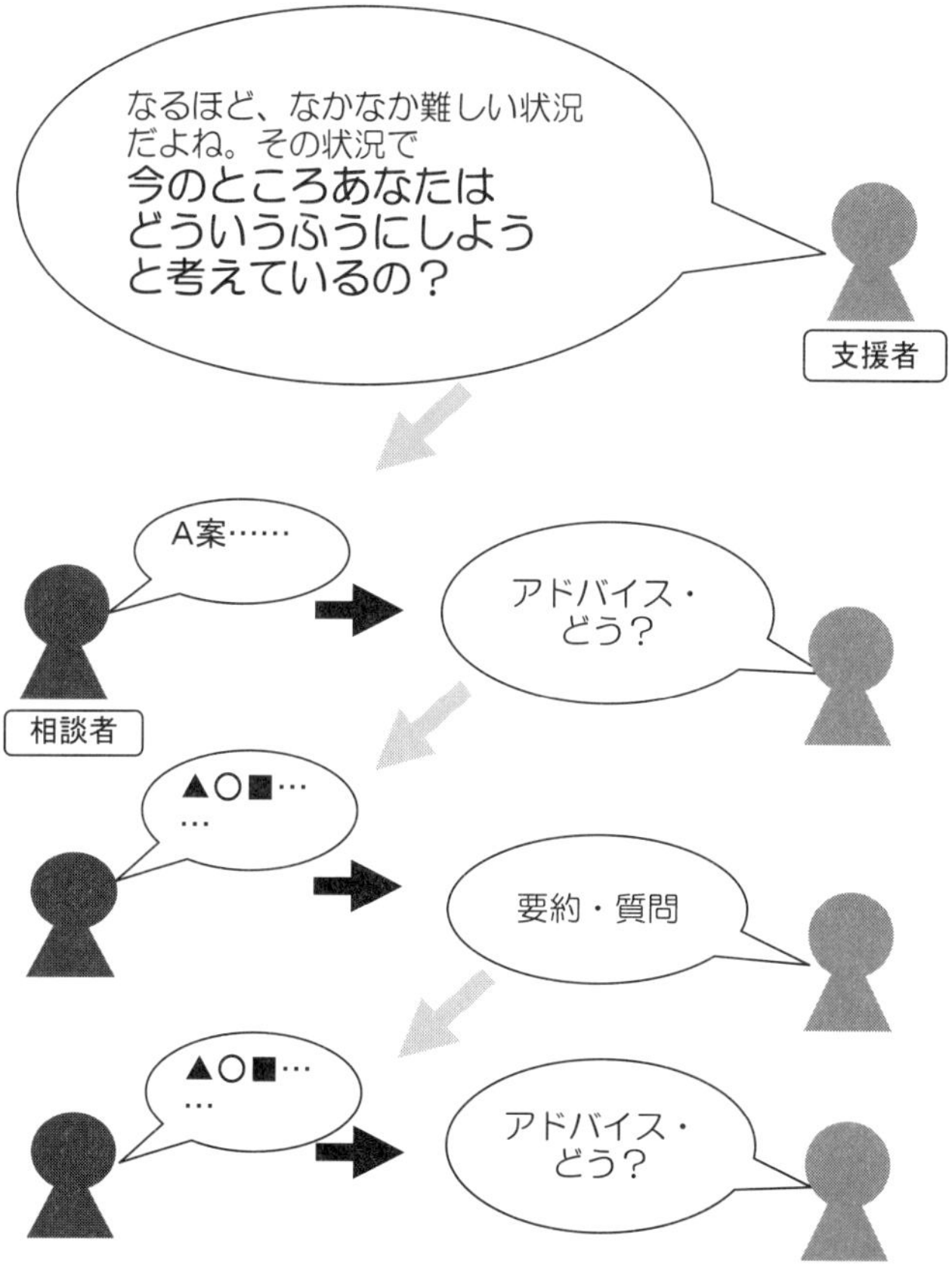
なるほど、なかなか難しい状況だよね。その状況で
今のところあなたはどういうふうにしようと考えているの？
支援者
A案……
アドバイス・どう？
相談者
▲○■……
要約・質問
▲○■……
アドバイス・どう？

シミュレーションは、「アドバイス・どう？」や要約・質問を交え相手の反応を読みながら実行するのがポイントに付き合う。そういう態度で接してください。

もしこのようなシミュレーションを続けていって、相談者自身が、自分の案では目的が達成できない、あまりにも危険が大きいなどと判断し始めたとき、そのときこそが、あなたのアイデアを提示するときです。

ただし、このときも注意は必要です。せっかくあなたが提示した案が、相手に否定されることだってあるのです。ずっと自分の発言をがまんしてきたために、最後に相手に否定されたことによって、あなたの感情が怒りに変わることがあります。

「だったら好きにすればいい」

こうなったら、せっかく相手が「相談しがいがある人だなぁ」と感じ始めていたとしても、最後の最後でそれを崩してしまうことになります。

相談というものは、あなたの感情を満足させるためのものではありません。相談者の心を落ちつかせるためのものです。相談で、回答を出す必要はありません。

たとえ最終的に回答が出なくても、たとえあなたの案が最後に否定されても、相談した人は「自分の案の欠点を吟味できた。少なくとも相談したおかげで危険を回避できた」と思うでしょう。それだけで十分「相談しがいのある人」になれるのです。

## 8 相談者が深く悩んでいるときのシミュレーション

通常私たちが問題を解決しようとするときは、その問題の先を読んでいるものです。つまりシミュレーションをしているはずです。

ところが、深く悩んでしまうと、そのことを忘れられないくせに、具体的には突き詰めて考えられない状態に陥ります。不安の感情が強くなると、どうしても破滅的な結論に至ってしまいがちです。それを恐れ、シミュレーションを途中で止めてしまうからです。

問題があるのに、それを見つめようとしないから、いつまでも解決しない。そういう場合は、あなたが相談者に安心感を与えつつ、二人で力を合わせて、相談者の抱える問題を冷静かつ具体的にシミュレーションしていきます。

――セクハラの被害に悩む女性の相談者のケースです。

かなり興奮してカウンセラーを訪れた彼女の最初の訴えは、「セクハラをしている人やそれを罰しない企業を訴えたい」というものでした。

残業しているときに、上司から、わいせつな言葉を使って言い寄られたり、体を触られたりしました。帰りにもつきまとわれホテルに連れこまれそうになったのです。そのときは、なんとか難を逃れましたが、それ以降、嫌がらせがひどいということです。

彼女の仕事にいちいち難癖をつけます。おかげで仕事が進まず、毎日残業することになってしまいました。どうもその上司が彼女の悪口を言っているようで、周囲も彼女に冷たく当たります。彼女はとうとう体調を崩し、会社を休みがちになってしまいました。

ある日、その上司がニヤニヤ笑いながら近寄ってきて、「辞めてもらってもいいんだよ。もっとも君が心を入れ替えるというなら話は別だけど」とささやくのです。

彼女はとうとう頭に来て、会社の人事にそのことを訴えました。ところが話を聞いた人事担当者は、証拠はあるのか、思い込みじゃないか、あなたから誘ったのではないかと逆に彼女を責めようとします。彼女は、居たたまれなくなって人事室から飛び出しました。それから三日間、会社にも出勤せず悩み続け、一睡もできずにやつれ果てて、今日に至ったというわけです。

彼女が抱えていた不安は「私は、がまんすべきなのだろうか。こんなことはみんながまんしている、些細なことなのだろうか」というものでした。カウンセラーは「そんなことないと思いますよ、たいへんな問題ですよ」と、「それはたいへんだ」メッセージを出しました。そして彼女の話を丁寧に聞いていきました。

問題解決の視点ならば、実際の行動や上司の言い分などを十分調査しなければならないと思うでしょう。しかし1時間相談法では、彼女の味方にならなければなりません。いかに苦しかったか、彼女なりにどう努力したかを聞いていきます。極端に言えば、事実はどうでもいいのです。彼女の言い分をしっかり理解してあげるのです。カウンセラーは四〇分ほど話を聞きながら、味方になり、自信を回復させる段階の支援を行いました。

　すると、彼女が少し落ちついてきたので、シミュレーションに移ることにしました。

「それで、あなたなりには今のところ、どうしようと考えているの」

「はい、会社を訴えようと思うんです」

「なるほど。君の悔しい気持ちをなんとか晴らしたいわけだよね」とカウンセラーはその気持ちも認めます。そのうえで、

「よし、これからね、君が実際にどうしたら今の状態を抜け出せるかを、いっしょに具体的に考えたいと思うんだ。まずはその会社を訴える案から検討してみようか。会社を訴えるということはさ、そこには居づらくなると思うんだけど、どう？」

「そうですね……、そういうことになると思います。あまりくわしくは考えてはいなかったんですけれど、会社を辞めてからのほうがいいんでしょうか？」

「そうだよねぇ、居るうちに訴えたら、みんなの目が厳しくなるよねぇ。でも辞めてか

ら、生活はどうしようか？」

「これを機会に実家に帰っちゃうか、少しだけ貯金があるので、それを使いながら他の会社を探すかしようと思っているんですけれど……」

その後も、彼女の考えていることを一つ一つ具体的にシミュレーションしていきます。たとえば実家に帰ってしまうと、就職口が少ないとか、今の会社を訴えるとしたら、たびたび上京しなければならない、などという問題があることに気がつきました。

転職しようとしても、彼女のスキルを生かすことができる職場は今の会社と関連がある企業が多く、問題の上司が手を回すのではないか、という不安もあります。裁判になったときに自分のために証言をしてくれる人が、ほとんどいないという問題も明らかになりました。

カウンセラーは、彼女が実際に実行できそうな案を辛抱強く探っていきます。

そういう作業を進めていくうちに彼女自身が、「私は結局、上司から離れたいんだと思います。あの人たちに仕返しをしてやりたいという気持ちは強いですが、こうやって話しているうちに、今自分がやれるのは自分自身を守ることだけだって気がしてきました」と方向性を見出していきました。

その後、彼女がどのような対処をしたか知る機会はなかったのですが、半年ほどたったとき彼女から手紙をもらいました。

じつは結局、彼女はその会社にとどまったのです。彼女が人事に再度かけあったことで、上司も急におとなしくなったということでした。そして今回の手紙は、彼女の友人が悩んでいるのでカウンセリングを依頼したいという内容だったのです。

## 9 「いっしょに困る作業」で味方の立場を守りきる

相談者を上手に支援するためには、バランス感覚が非常に重要になります。第5章でも説明しました（148ページ）が、裏メッセージに取られたことによって、これまで積み上げてきたメッセージを崩してしまったと思ったら、今の作業をすぐに中断して、前のメッセージを補給しなければなりません。

三〇分間相談者の話を聞いたことで、ある程度の信頼関係を築くことができ、シミュレーションに取りかかっていたときに相手が急に頑なになったり、黙って反応しなくなったり、「できない」という理由を一生懸命述べるようになったら、もう一度味方になる作業に戻ります。

この作業に戻るときに、注意しなければならないことがあります。シミュレーションする作業では、第三者の立場でものを考えることが多くなるため、あなたは日頃の「客観的な視点」で考えることに戻ってしまっています。そのため「苦しかったね」「よくがんばっているね」メッセージの補給をしようとするときも、どうしてもこの客観的な視点が顔を出してしまうことがあるのです。

味方になるためには、客観的な視点で他人事《ひとごと》のような見方は不必要、いえ禁物です。相談者の立場に立った、相談者の「味方」としての視点だけが必要なのです。

——不登校の子供に対して先生がひどい対応をとったということで、悩んでいる母親のケースです。

手順通り、まず三〇分徹底的に聞きます。その間に、

「お子さんがようやく登校できるようになったときにいじめにあった。先生に訴えたが、なかなか理解してくれなくて、とても困っていらっしゃるんですね。たいへんだったですね」（**「それはたいへんだ」「苦しかったね」メッセージ**）

「お母さん一人で、学校と闘いながらよくがんばっていますね」（**「よくがんばっているね」メッセージ**）

「体調を崩したり、ご主人や子供に当たってしまったりすることも、仕方のないことで誰だってそうなるでしょう」（**「無理もないよ」メッセージ**）

「今は困っているようですが、それでも私が聞いている範囲では、これまではとてもうまく学校と対応してきているように思えますよ。お子さんの行動についても気をつかってるし、周囲のお母さんがとてもよく連携されてきた」（**「善戦しているよ」メッセージ**）

などのメッセージを与えました。そして、

「それでは今後、どのようにやっていったら学校側にうまく動いてもらえるか、考えていきましょう。今のところどう考えていますか」（**「こうすればいいよ」メッセージ**）

とシミュレーションに入ったのです。

その母親は、同じクラスの保護者を集めて集会を開き、そこで署名活動をして、先生を辞めさせるつもりだと話してくれたのです。

カウンセラーは「その活動の後、どうなるでしょうか」と質問してみました。

「うまくいけば先生を代えてもらえるし、うまくいかなくても先生も十分反省すると思うんです」と母親。

「お子さんは、お母さんのそういう考えを知っているのでしょうか」

子供の話になると、お母さんの声が急に一オクターブ高くなり、早口でまくし立てるように話し始めます。

「子供は、いいんです。子供に言うと何もするなと言うんです。でもこのままではうちの子だけが、いじめられちゃうんです。ここはどうしても私が出ていってあげないと。だって先生が悪いんです。先生が悪いからどうしても子供では先生に説明できない。聞いてくれないんです。何回もやりました、いろんなことを。でも最終的にこれしかないんです」

と、これまで話した内容を脈絡なく、もう一度繰り返しています。

この態度で、〈裏メッセージに取られてしまったな〉と感じたカウンセラーは、「苦しかったね」と「よくがんばっているね」メッセージの再補給をすることにしたのです。ところがしばらくシミュレーションをしていたので、どうしても客観的な思考から抜け出せません。

「お母さん、お母さんの言うことはもっともだと思います。でもお子さんもたいへんだと思うのです。いちばん苦しんでいるのはお子さんではないでしょうか。それに先生も、急に『辞めろ』などと保護者から言われたら、たいへんショックを受けると思いますよ」と返してしまったのです。

たしかに「苦しかったね」というメッセージですが、「誰が」を間違ってしまっているのです。あくまでもお母さんがたいへんで苦しかったという視点で振り返らなければならないのに、客観的な視点から（子供や先生の立場から）たいへんだと思うことを振り返ってしまったのです。これでは逆に彼女を責めることになってしまいます。

**いったん、アドバイスやシミュレーションに入った後、もう一度味方になるためのメッセージを補給しなければならない場合、この「誰が」苦しかったのか、「誰が」たいへんだったのかをよく考えながら、間違えたメッセージ補給をしないように注意してください。**

たとえば、

「なるほど、そうですよね。子供ではなんともならないからこそ、お母さんが困っていらっしゃるんですよね。そうかぁ、そうなると本当に難しい問題ですね。お子さんには何もするなと強く言われている。だけどお母さんは何とかしてあげたい。学校は理解してくれない。それでお母さんがいろんな努力をして、ようやく保護者会を開こうかというところまでこぎつけることができたのですものね。困りましたね」

問題解決からいったん離れて、相談者（母親）がどんなに苦労しているのか、どんなにがんばっているかに焦点を当てなおすのです。私はこれを**「いっしょに困る作業」**と呼んでいます。同じことを繰り返しても良いでしょう。何度でもそこに戻って、困ってあげるのです**（次ページ図22）**。

図22. **いっしょに困る作業**

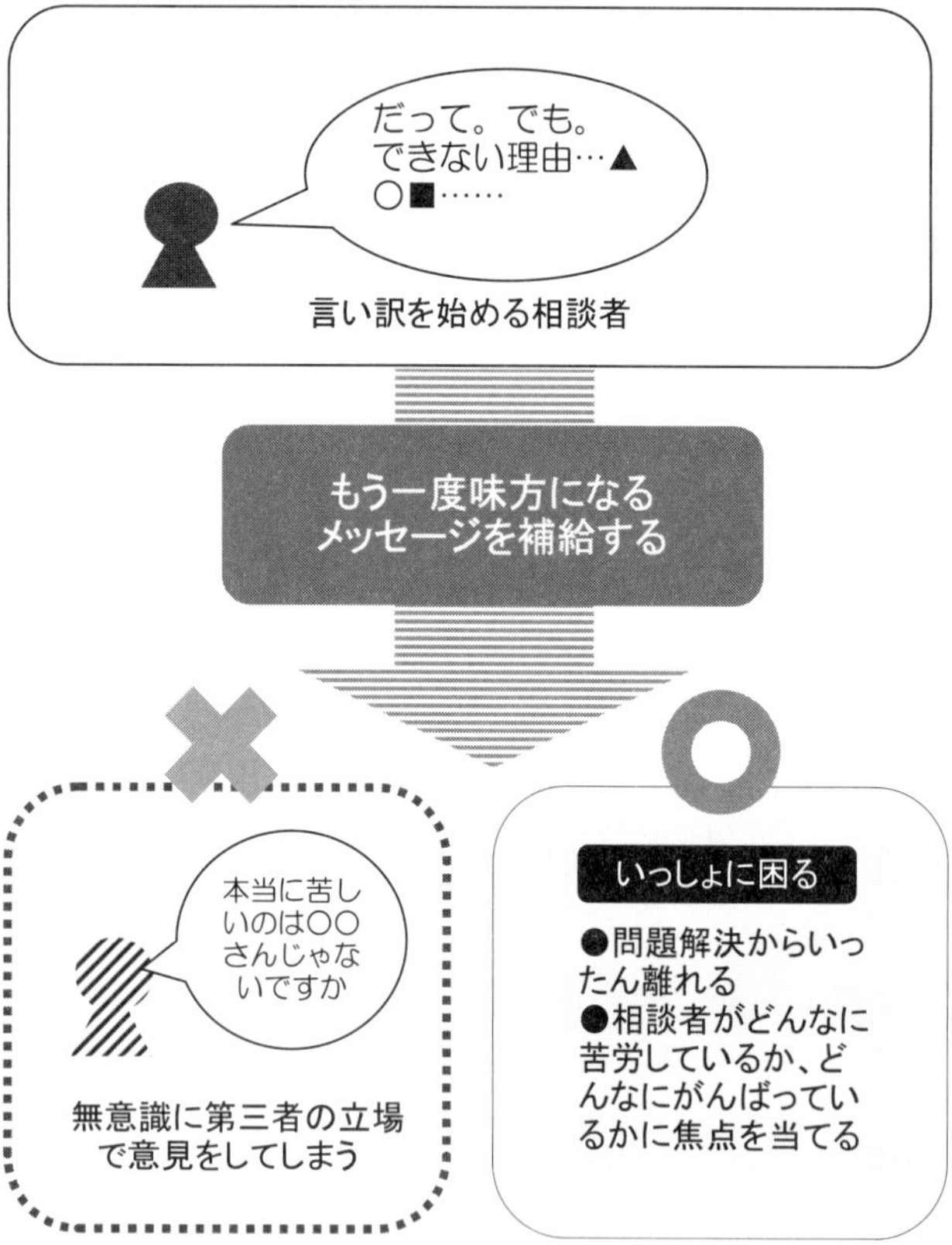
だって。でも。
できない理由…▲
○■……
言い訳を始める相談者
もう一度味方になる
メッセージを補給する
本当に苦しいのは○○さんじゃないですか
無意識に第三者の立場で意見をしてしまう
いっしょに困る
●問題解決からいったん離れる
●相談者がどんなに苦労しているか、どんなにがんばっているかに焦点を当てる

客観的思考で考えるシミュレーションに慣れると、他人事のような見方をしてしまう。「味方になる」作業に戻ったときには、相談者といっしょに困ってあげること

さて、このケースは、その後どう展開したのでしょう。

シミュレーションでの母親の反応から、彼女の警戒心はかなり手ごわいと感じたカウンセラーは、それから終始「いっしょに困る」姿勢を貫きました。

すると、三〇分後には彼女はこう言ったのです。

「話を聞いていただいて、ありがとうございました。いずれにしても難しい問題なんだなって、少し整理できたような気がします。保護者会でどうするかも、少し慎重にしたほうがいいかもしれません。実際いちばん困っているのは子供だし、子供の気持ちも尊重しなければいけませんし……。ごめんなさいね、一方的に話をして。でも、何か本当に、少し気が楽になった気がします」

この母親は、問題を解決してはいません。でも何とかうまくやっていけるのではないか、という気持ちになれたのです。

「苦しかったね」「よくがんばっているね」メッセージを十分補給することで、あとは一人で問題に取り組むエネルギーが得られた、つまり相談が終わったという良い例です。

# 第7章

# うつ状態の人への対応

**●強いうつ状態の人に対するときの注意事項**

強いうつ状態の相談者に対処するときには特別の注意事項があります。ポイントは次の三つ。①「味方になる」段階を重視する。②「こうすればいいよ」までのメッセージの与え方。③根本的な対処が遅れることのないように。強いうつ状態には相談だけで終わらせるのではなく、できるだけ休養と受診を促してください。

第2・第3章では、現代人が「改まって相談する」ときは悩みモードやうつ的傾向に陥っている人（=悩みの深い相談者）が多いということを指摘しておきました。また、これまで紹介してきた内容は、そのことを前提にして書いています。そのような相談者でも、本書で紹介した手順で対応すれば、うまく相談にのってあげることができます。

ところが、〝強い〟うつ状態にある相談者に対処するときは、さらに注意すべきいくつかのポイントがあります。

## ポイント1 「味方になる」段階を重視する

多くの人は、うつ状態の人の悩みを聞いても、それは考え方の問題だと理解し、その考え方を変えようとしてしまいます。そして、「たいしたことないよ。大丈夫だよ」「もっとがんばれるよ」「みんなもそれぐらいのこと乗り越えているさ」「君ならきっと乗り越えられるよ」（「がんばれ」系メッセージ）などとはげますでしょう。

エネルギーの低いうつ状態にある人は、このようなメッセージを確実に裏メッセージとして受け取ってしまいます。

・「たいしたことないよ。大丈夫だよ」「もっとがんばれるよ」↓「**自分はやはり、がんばりやがまんが足りないんだ**」
・「みんなもそれぐらいのこと乗り越えているさ」↓「**みんなが耐えられるようなことなのに……、できない自分はダメ人間**」
・「君ならきっと乗り越えられるよ」↓「**やはり、自分で何とかしなければならないのか**」
・「具体的にはこうすればいい」↓「**やれない自分は、なんてダメな人間だ**」

つまり、「がんばれ」系メッセージではげませばはげますほど、うつ状態の人は非難され、（疲れ果てているのに）さらに「動け！」と鞭打たれることになるのです。

うつ状態は、極端に言うと疲労困憊した（疲れ切った）状態です。そのような人に新たな努力を求めるということは、マラソンでよろめきながらゴールした選手に、「よし続けてもう一回だ。次は、もっと腕を振って、ペースを上げて走ろう」と言うようなものです。

これが、うつにはげましは厳禁、と言われるゆえんなのです。

強いうつ状態の人には、とくに「**苦しかったね**」**メッセージを十分に与える**必要があります。

うつ状態の人は、自分が「苦しい、苦しかった」と言っていいのか、まずその時点で悩んでいます。単なる弱さではないのかと自分を責めているのです。あなたが「苦しかったね」と伝えてあげると、とても安心します。

しかし、相談者が話す悩みは、健康なあなたにとって「それは考えすぎだよ」と言いたくなるような悩みが多いので、それを聞いているだけでは、「苦しかったね」メッセージをなかなかうまく出せないでしょう。

そこで相手の〝体の状態〟を聞いてください。

睡眠は取れているか、食事は取れているか、体重が減ってはいないか、頭痛など体の痛いところはないか、頭が働かなくて困ってはいないか、疲れ果てて動けないのではないか、それらはどれぐらい続いているのか、そういう質問をするのです。そんな相談者の状態がわかれば、悩みそのものに共感できないあなたでも「それは苦しいだろうなぁ」と思うことができるのです。

また、相談者が「死にたい」と感じるぐらい悩んでいるとしたら、あなたもそのつらさを実感できるでしょう。十分に話を聞いた後に、

「そんな状況だったら、死にたくなることもあるんじゃないかと思うんだけど……」

と聞いてください。相談者は「この人は自分のつらさを本当に理解してくれているから

このような質問をしてくれるのだ」と感じます。強力な「苦しかったね」メッセージが伝わるでしょう。

また、これまでは紹介していませんでしたが、味方になる段階で「君の責任ではないよ」というメッセージを与えることも重要なポイントです。このメッセージは一般的な相談の場合は、あなたが問題の客観的な全体像をつかんだときにしか与えられないものです。

うつ状態の相談者は、（症状として）客観的な理由もなく、自分を責めてしまう思考が働いているのです。自分を責める気持ちは、「だったら、もっと努力しろ」と自分を急き立てる気持ちでもあります。さらに周囲の足を引っ張り、迷惑をかけているという罪悪感にも発展します。エネルギーを使い果たしかけている状態の人にとって、たいへんつらい思考です。

そこで、あえて「君が悪いわけではない、君の責任ではない」という明確なメッセージを与えてあげるのです。具体的には、うまくいっていないのは、本人の「怠け心」や「心の弱さ」のせいではなく、うつ状態のせいだということを説明してあげます。その要領は次項で解説します。

## ポイント2　「こうすればいいよ」までのメッセージの与え方

「こうすればいいよ」メッセージは、問題解決の具体的な方向性に関する指示や情報提供です。うつ状態の人にいきなり、悩んでいるテーマそのもの、たとえば仕事や人間関係の問題に対して「こうすればいいよ」メッセージを与えてはいけないということは先にも述べました。

しかし悩んでいるのですから、何らかの方向性を持たないと、なかなか前に進めないのも事実です。うつ状態の人にこのメッセージを与える、ちょっとした工夫があります。その手順を説明しましょう。

### 第一段階　味方になる

「苦しかったね」メッセージの後は、「がんばっているね」メッセージを軽く与えます。うつ状態の人は、自分はがんばっていないという思い込みが強いので、あなたが「いや、よくがんばってますよ」とこだわってしまうと、意見が対立し味方の関係を崩してしまう恐れがあるからです。そこで、このメッセージは「僕には、がんばっているように思えますよ」とさらっと流し、次の「無理もないよ」メッセージに、努力を集中します。

## 第二段階　自信を取り戻させる

「無理もないよ」メッセージは、うつ状態の人に「君は壊れてないよ（単に疲れているだけ、うつ状態になっているだけ）」という視点を与えます。また、それは同時に、「君の責任ではないよ（症状は君の怠け心や心の弱さのせいではない）」というメッセージでもあります。

うつ状態では自信がまったくなくなっています。自分をちっぽけな弱い存在、他の人が耐えているストレスに、負けてしまったダメな人間だと思っています。

あなたは、**「うつ状態になると、誰でもそうなるんだって、それが普通の症状なんだって」**と説明してあげてほしいのです。それには、本やテレビなどの客観的な情報を使うと良いでしょう。そしてそのときに、どうすれば治るのかという方向性（「こうすればいいよ」メッセージ）のきっかけみたいなものも与えます。

うつ状態は、根本が「疲労」なのです。ですから、基本的に「休みさえすれば」元の自分に戻れるのです。そのことを伝えます。これは「無理もないよ」メッセージの補強にもなります。あなた（相談者）の心が弱いわけではない。単にいろんなことが重なって、心と体が疲れ果てた状態になってしまった、ということを示すからです。「無理もないよ」メッセージの後は、「善戦しているよ」メッセージは飛ばします。というのも、「がんばっていない」と同じように、「自分はダメな人間だ」という強い思い込みがあるからです。ここにこだわると味方でなくなるからです。

## 第三段階　解決のヒントを与える

ここでの「こうすればいいよ」メッセージは、休むという作業を具体的にイメージさせることです。

心から休むためには、不眠を解消するための睡眠薬や抗不安薬を処方してもらったほうが良いのです。うつ状態を最短で抜けるには、精神科を受診することが、安全かつ最も苦しみが少ない方法です。それを教えてあげます。また、働いている人が休むには、それなりの説明を職場にしなければなりません。その説明の方法もいっしょに考えてあげるのです。うつ状態では頭が働きません。だから決心もできないのです。

これまでの手順がなかなかうまくいかない場合は、「いろいろあると思うけれども、僕に任せろよ。僕が動いてやるから」という言葉が、最終的に相談者の心を動かすことがあります。これまでのメッセージコントロールで、**あなたが「味方」にさえなっていれば、**

この短い言葉が強力な「こうすればいいよ」メッセージとなるのです。

## ポイント3　根本的な対処が遅れることのないように

ポイントの三番目は、「相談しがいのある人」向けのアドバイスです。「苦しかったね」「無理もないよ」メッセージを上手に出していくと、うつ状態の人の心がだいぶ軽くなってしまいます。そして何とか今の状態を乗り切れそうだと「勘違いしてしまう」ことが多いのです。

実際に、その相談の後、たまたま環境がうまく調整されて相談者の疲労がそれ以上蓄積せず、相談者を悩ませるような人間関係や出来事からうまく距離がとれる場合もあります。そのように運が良い場合は、相談者がうつ状態から脱出できることもあるでしょう。ところが通常の場合は、いったん気持ちが軽くなっても、疲労困憊している状態には何ら変わりなく、一日もしないうちにまた苦しい状態に戻ってしまいます。

うつ状態は疲労です。病的な状態なのです。ですから根本的な休養や治療をしなければ、こじらせてしまう可能性が高くなります。カウンセリングで何とかなるものではありません。なまじ「相談しがいがある」あなたが支援したために、相談者の苦しみがまぎらわされ、根本的な対処が遅れるようなことがあってはなりません。

いずれにしても、最終的には相談だけで終わらせることなく、できるだけ休養と受診の方向に持っていけるように、努力してください。

うつ状態はなかなかわかりにくく、本人も自分の状態に気がついていないことが多いものです。また悩みの表面的なテーマにとらわれて、専門家でも見抜けないことが多いのです。一般的な相談の支援方法でうまくいかないときは、強いうつ状態にあることを疑ってください。

そのときはできれば、あなただけでなく専門家の力を借りたほうが良いでしょう。どうしてもあなたが支援しなければならない場合は、少なくとも、237ページに紹介するうつ状態に関する私の書籍を読んで基本的知識を備えながら、支援していってください。

# 第8章 ケーススタディ「1時間相談法」の成功例

これまで、1時間相談法のポイントを紹介してきました。最後に具体的なケースで、これまで紹介した注意事項をおさらいしてみましょう。また一時間の組み立て方を図にしました。まずは次ページの図23でイメージをつかむとさらに理解しやすいでしょう。

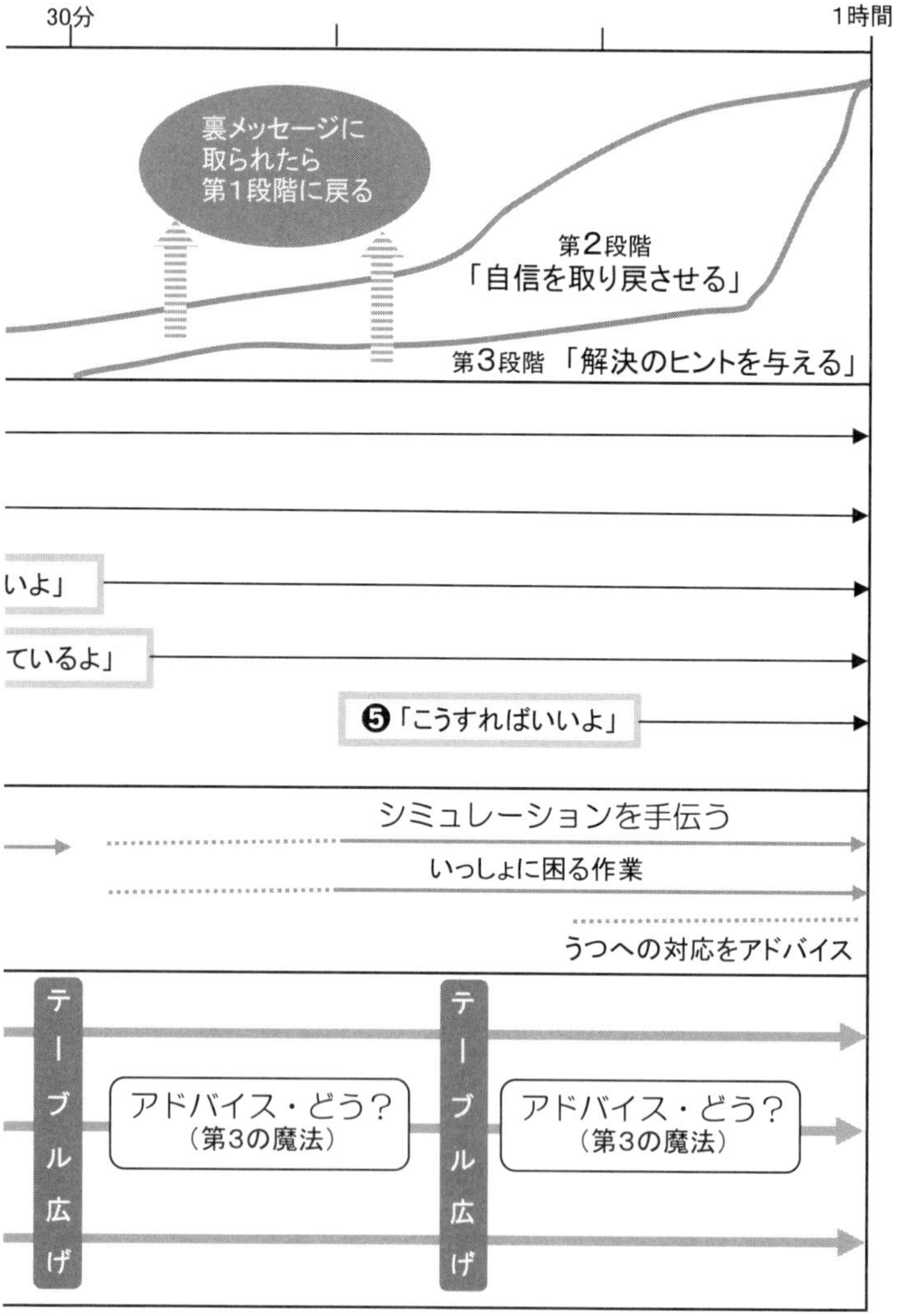
30分
1時間
裏メッセージに
取られたら
第1段階に戻る
第2段階
「自信を取り戻させる」
第3段階 「解決のヒントを与える」
いよ」
ているよ」
❺「こうすればいいよ」
シミュレーションを手伝う
いっしょに困る作業
うつへの対応をアドバイス
テーブル広げ
アドバイス・どう？
（第3の魔法）
テーブル広げ
アドバイス・どう？
（第3の魔法）

図23. **１時間の組み立て方——イメージアップのための一つの目安**

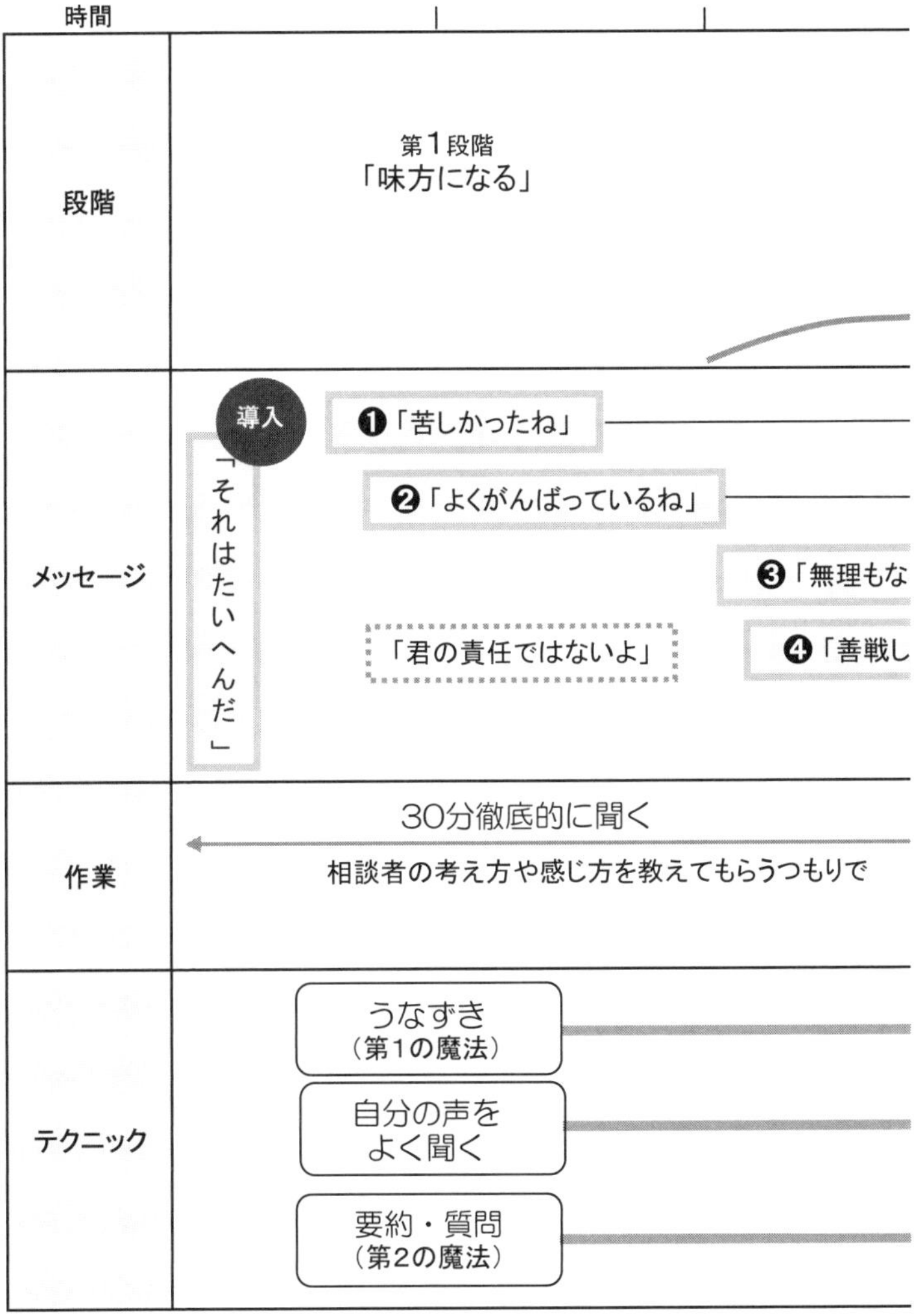
時間
段階
第1段階
「味方になる」
メッセージ
導入
「それはたいへんだ」
❶「苦しかったね」
❷「よくがんばっているね」
❸「無理もな
「君の責任ではないよ」
❹「善戦し
作業
30分徹底的に聞く
相談者の考え方や感じ方を教えてもらうつもりで
テクニック
うなずき
（第1の魔法）
自分の声を
よく聞く
要約・質問
（第2の魔法）

——雅子さんには、中学二年生の娘（真美さん）がいます。ある日、娘からこんな相談を受けました。

相談の内容は友だちに関することです。真美さんには、小学校からずっといっしょで仲良しの友だちが二人います。その友だち二人が最近けんかをしてしまったそうです。

真美さんは双方の話を聞き、どちらにもかたよらない距離をとっていました。するとその二人から「あなたはどっちの味方なのよ」と詰め寄られるようになってしまったのです。そして二人は、それぞれ別のグループを作って、お互いの対立だけでなく、次第に真美さんにもその攻撃の矛先が向くようになってきたというのです。

雅子さんは、娘の話を聞きながら、〈たいへんだ。何とかうまくアドバイスしてあげなきゃ〉と焦りました。

**「中学生の頃って、みんな経験することよ。私にも経験があるわ。まず一つは、そういう人たちのことは無視すればいいのよ。本当の友だちではなかったということ。あなたも大人になるうちにわかるようになるわ。本当の友だちというのは、そんなに簡単に味方になったり敵になったりしないものよ。今はその人たちをよく観察してればいいの」**

「でも、私のことをシカト（無視）するのよ」

「そういうときはシカトしかえしてやればいいのよ」

「そんなことできない。お母さんはわかってないのよ」

「でもね。あなただって悪いところがあるんじゃないの。しっかり意見を言わないから、相手にも誤解されるところがあるんじゃない」

「………」

「とにかくね、今はその人たちと距離をとることがいちばん。もしそれ以上嫌なことをされるようなことがあったら、先生に相談してみたら」

「先生には言えないよ。先生に言ったらもっとたいへんなことになる」

「決めつけちゃだめよ。あなたが全部正直に話したら、先生だってきっと助けてくれるから。あなたが言いにくかったら、お母さんから言ってあげようか」

「もういい。お母さんは私のことは何もわかってない」

「そんなことないよ」

「いいえそうです。私のことは自分で何とかするから、お母さんは絶対に先生なんかに、電話しないでね！」

そう言って娘は自分の部屋にひきこもってしまいました。

静かになったリビングで、雅子さんは娘の力になってあげられなかったことを反省していました。

〈もう少し話をちゃんと聞いてあげればよかった。どうして私あんなに焦って強く言っちゃったんだろう。もっと違う接し方があったはずなのに……。〉

さて、読者の皆さんには、何がよくなかったのか、もうおわかりだと思います。

雅子さんは、娘がピンチになっていると知って真剣に話を聞きました。まず支援者癖が出てしまったのです。はげまさなければ……、具体的にどうすればいいか教えてあげなければ……そう焦れば焦るほど、娘の話を聞かずに自分の意見を言ってしまったのです。そしてそのアドバイスも、「がんばれ」系からのメッセージでした。

5分間相談では、うまく対処できなかったのです。

**「中学生の頃って、みんな経験することよ。私にも経験があるわ」**

という発言は、〈あなたの問題はたいしたことはない。大丈夫、乗り越えられるよ〉というはげまし方です。「それはたいへんだ」「苦しかったね」メッセージの否定です。

**「そういう人たちのことは無視すればいいのよ。本当の友だちではなかったということ。**

**あなたも大人になるうちにわかるようになるわ。本当の友だちというのは、そんなに簡単に味方になったり敵になったりしないものよ。今はその人たちをよく観察してればいいの」**

というアドバイスは「こうすればいいよ」メッセージです。

でも、これも「苦しかったね」メッセージを否定する裏メッセージに取られてしまいました。つまり〈簡単な問題よ。こうすればいいの。たいしたことではないわ〉と解釈されたのです。

だから真美さんは〈こんなにたいへんな問題だ〉ということをわかってもらいたくて、

**「でも、私のことをシカト（無視）するのよ」**

と訴えましたが、

**「そういうときはシカトしかえしてやればいいのよ」**

と返されてしまいました。

**「そんなことできない。お母さんはわかってないのよ」**

と言ったのは、〈お母さんが考えているほど、問題は簡単ではない（たいへんなんだ）〉と伝えたかったのです。

この時点で雅子さんは、いちばん大切な「苦しかったね」メッセージを与えてあげることができなかったのです。

さらに、雅子さんは、

**「でもね。あなただって悪いところがあるんじゃないの。しっかり意見を言わないから、相手にも誤解されるところがあるんじゃない」**

と続けてしまいました。これも具体的方法を示す「こうすればいいよ」メッセージです。

じつはこのことは、真美さん自身もコンプレックスを持っている部分なのです。真美さんは優しい性格なので、いつも自分ががまんをしてしまうところがあります。雅子さんは以前からそのことを娘に注意していました。それをここで持ち出して（指摘して）しまったのです。支援者癖の一つ「そもそもあなたは……癖」（66ページ）が出てしまいました。

元気な人だったら、そういうアドバイスを受けて発奮することもあるでしょう。

しかしこの言葉は〈あなた自身ががんばってないから〉〈あなた自身がうまくやっていないから〉と取られてしまいました。「よくがんばっているね」メッセージ、「善戦しているよ」メッセージを否定する裏メッセージに取った真美さんは言い返せなかったのです。

そして最後のほうでは、先生に言う、言わないの話になりました。

雅子さんは、まだ娘の話を聞いていないのです。

先生に言うということは、真美さんにとってはとても大きな環境の変化になってしまうのです。まだ何もわかってくれていない、状況も何も知らない人のアドバイスは、本人にとって受け入れられるものではありません。アドバイスはさせるためのものではない、というアドバイスを思い出してください。

**「もういい。お母さんは私のことは何もわかってない」**

という真美さんの言葉が、今回の雅子さんの相談の受け方を端的に表現しています。

それから数日、雅子さんは娘のことが心配でしたが、学校から帰ってきてもあまり話をしてくれません。それとなく聞くと、「先生には言っていないでしょうね」と厳しく釘を刺されてしまいました。

その後雅子さんは、私のカウンセリングを受けることになりました。娘さんのことについて悩んでいると話してくれました。私は彼女の話を聞いて、最後に**「１時間相談法」**のアドバイスをしたのです。

「わかりました。もし次に相談してくれたら、そういうふうに接してみたいと思います」

雅子さんは、少しほっとしたような顔をして帰っていきました。

雅子さんが私のカウンセリングで少し落ちついて、しばらくは娘の様子を見るしかないな、と思っていたときのことです。真美さんが声をかけてきました。

「お母さん、ちょっといい。また友だちのことなんだけど……」

雅子さんは、洗い物の手を止めてテーブルに座りました。前回はテレビがついていたままだったのですが、今回は二人きりだったのでテレビも消しました。（「それはたいへんだ」メッセージ）

「うん、どうしたの」

「あれから、お母さんの言うように無視したんだけど、なかなかうまくいかなくてさ」

ここで雅子さんは、自分のアイデアが否定されたと思って、〈それはきっとやり方が悪かったのではないか〉と、もっと具体的な無視の仕方を教えたくなりました。でもカウンセリングで教えられた1時間相談法の「三〇分話を聞く」を思い出して、自分の言葉を飲み込みました。そして、重要だと教えられたメッセージを返そうと思ったのです。

「う、うん。がんばってみたのね」（「よくがんばっているね」メッセージ）

「うん。でも私が無視していても、『そうやって無視するんだ』ってメールが来るの」

雅子さんは「だったらメールのアドレス変えれば」という方法論を、また飲み込んで、三つの魔法を思い出しながら、

**「そうなんだぁ」**

と大きくうなずきました（**うなずきの魔法**）。

真美さんもこっくりうなずいて、

**「私、お母さんみたいに強くないから、そんなメールをもらっちゃうと、そんな気もないのに『無視なんかしてないよ。今日ちょっと気分が悪いだけ。ごめんね、気をつかわせちゃって』なんてメールを返してしまうの。そしてその後、A子のところに行ってね、楽しそうにおしゃべりしてみせるの。そのときはもしかしてこれでうまくいくのかなって、思うんだけど、でも次の日はまた、私だけのけ者にされてしまうの」**

雅子さんは「お母さんも強くないわよ、だってね……」と自分の体験談を話してやれば、娘が自信を回復してくれるかもしれないと思いましたが、これもまだ時間が早いと思い直して、飲み込みます。そしてこう返しました。

**「真美は、メールをもらって、何とか仲直りをしようと思って、自分の気持ちを抑えてまで、A子ちゃんのところに話に行ったのね。でも次の日も同じなんだ。どうして同じになっちゃうの？」（要約・質問の魔法）**

この要約・質問では、真美さんの努力に焦点が当てられています。**「よくがんばっているね」メッセージが補給**されています。

雅子さんは、つらそうな顔で大きくうなずきながら（＊の部分で）、真美さんの話を聞きました。

**「だってね、もう一つのグループがいるでしょう、A子と対立しているB子のグループが。そのうちの誰かがいつも私のこと見てるんだ。だからA子が話しかけてきても、顔ではにこにこ笑っているんだけど、B子のグループに見られてないかなって、心配なの（＊）。だからね、自然に、A子に、会わないように、会わないようにしてしまうの（＊）。そしたらA子が、『私を避けているの。やっぱり真美はあの子の味方なの』って、言ってくるの（＊）」**（**うなずきの魔法**）

真美さんのひとみからは、涙がこぼれます。

雅子さんは、頭の中ではまだ〈あなたが優柔不断だからそうなってしまうのよ〉という気持ちを完全にぬぐいきってはいませんが、話を聞いているうちに、本当に困っているな、八方ふさがりに陥っているんだなということがわかってきました。

ここで強い**「苦しかったね」メッセージが伝わった**のです。だから真美さんは、わかってもらえてホッとして泣いたのです。

雅子さんは、**要約**を続けます。

**「真美は、A子ちゃんと会わないようにしてしまうのよね。A子ちゃんとすごく仲が良く見られちゃうと、B子ちゃんのほうに嫌な思いをさせちゃうからだよね。板挟みになっちゃったんだね」（テーブル広げ）**

**「うん」**

真美さんは、とうとう声を出して泣きはじめました。

雅子さんも、もらい泣きをしながら、娘にティッシュを渡しました。

その後もしばらく、それぞれのグループが、どういうメンバーで構成されていて、どういう嫌がらせをしてくるのかなどについて、話を聞くことができました。そして簡単には答えが出せないなと感じるようになりました。

その母親の様子を見て真美さんは「苦しかったね」「よくがんばっているね」「無理もないよ」メッセージを受け取ることができました。

雅子さんの態度には「この状況は、簡単に答えが出せないんだ。十分がんばった末のことなんだから、悩むのは当たり前なんだ」（**「無理もないよ」メッセージ**）という理解が表れていたからです。「いっしょに困ってあげる」という支援ができたのです。

**「……真美は、すごいと思う。そんな状態の中で、よく一人で闘ってきたと思うよ。すごいと思う、お母さん」（「善戦しているよ」メッセージ）**

そんな言葉が、自然に雅子さんの口から出てきました。

ふと時計を見ると、話を聞き始めてから、もう四五分経っていました。

雅子さんは、第三の魔法を思い出して、「そうだ、何かアドバイスしなければ」と思ってしまいました。

**「それで、A子ちゃんのことなんだけどさ。A子ちゃんの立場にしてみたら、昨日真美が話に来てくれたのに、今日は避けられたら、やっぱり真美のことを、よくわかんない娘だと誤解しちゃうと思うんだけどなぁ。どう？」（「アドバイス・どう？」の魔法）**

普通だったら、十分話を聞いて、「よくがんばっているね」メッセージまでをちゃんと積み重ねてからのアドバイスは、ある程度、受け入れてもらえるはずです。

ところが真美さんには、「私は優柔不断だ」というコンプレックスがあります。このアドバイスはそのことを指摘されたような気がしたのです。

つまり、真美さんは、あなたがもっとちゃんとしないから、今の問題がある（「善戦しているよ」メッセージの否定）、もっとちゃんとやりさえすれば、たいした問題ではない（「それはたいへんだ」「苦しかったね」「よくがんばっているね」メッセージの否定）と解釈してしまったのです。

**「でもね、お母さん、じゃどうすればいいの。A子だけじゃなくて、他の子からもメールが来るんだよ。私一人なんだよ、無視できないよ。逆にもし私がA子の味方になったら、B子たちからメールが来るんだよ」**

雅子さんは、この訴えから、先の発言が裏メッセージに取られてしまったことに気がつきました。そこで崩れてしまった「苦しかったね」「よくがんばっているね」メッセージや「善戦しているよ」メッセージを補給しようと思ったのです。

**「そうかぁ。そうだよね。やっぱり簡単じゃないか。無視もできないし、逆にA子ちゃんのほうにくっつくわけにもいかないもんね。真美なりに、すごく難しいバランスでやってるんだね」**（**いっしょに困る作業**）

お母さんの言葉を、大きくうなずきながら聞く真美さん。

雅子さんは、「こうすればいいよ」メッセージをあきらめて、またひたすらいっしょに困る姿勢に戻りました。

そうです、**「こうすればいいよ」メッセージ、つまりアドバイスやシミュレーションは必ずしも必要ない**のです。

その後も、B子さんが担任の先生と非常に仲が良くて、仮に自分がB子さんにいじめられていると訴えても、先生はB子さんの言うことを信じるだろう、と真美さんが思っていることもわかりました。そのことについても、「あなたの思い過ごしよ」と言いたい気持ちを飲み込んで、〈そういう状態に置かれている娘が、いかに困っているか〉という視点で話を聞き続けました。

結局一時間経っても、問題は解決していません。

ところが真美さんは「A子もB子も、子供なんだ」なんて言って笑い出しました。初めのうちは「学校に行きたくない」と言っていたのですが、自分の部屋に戻って明日の準備をしているようです。

その日の夜、雅子さんは、私にわざわざ電話をかけてくれて、このことを報告してくれたのです。

「後で娘が、『お母さん話を聞いてくれて、ありがとう』なんて言ってくれたんです。先生、ありがとうございます。少しは母親として自信がつきました」

真美さんを救ったメッセージコントロールや三つの魔法が、雅子さんだけでなく私まで、幸せにしてくれた瞬間でした。

# おわりに

本書では、身近な人から相談を受けたときに、その人を上手に勇気づけられるような方法を紹介してきました。

こうやってまとめてみると、何か当たり前のことを言っているだけのような気もします。

私が幼かった頃の日本人は、別に「1時間相談法」などを意識しなくても、幼い頃から培ってきた感性で相手の望むメッセージを与え、上手に勇気づけていたように思います。ところが、人間関係が希薄になってきた現代では、「はじめに」で述べたように「相談しがいのない人」が増えてきているのです。

英語は、母国語として育つ場合、習得するのに特別な工夫は必要ありません。ところが、大人になってから勉強しようとすると、うまくなるにはかなりの工夫が必要になります。

以前は誰でもできたことでも、それを知らずに大人になった人が勉強するためには、やはり工夫したマニュアルが必要なのです。私はそんなマニュアルを作りたかったのだと思います。

本書では、できるだけわかりやすいようにと、最も重要なポイントだけに絞ってお伝えしました。でも、端的に説明しようとした分、舌足らずの説明になってしまったところもあります。

少しのコツを知っただけで、すべての相談にうまく対処できるものではありません。むしろ、コツを意識するあまり、あなたの対応があまりにも不自然になることさえあるのです。スポーツ選手がスランプになるとき、そのほとんどがあるコツを意識しすぎた結果だと言います。本書を利用するときも、あなたの自然さを失わない程度に、バランス良く取り込んでみてください。

またどうしても、利害関係がある相談は、相談を受ける人も自分の身を守らなければならないので、親身に相手の気持ちになって相談を受けることができません。つまり、「苦しかったたね」「がんばっているね」メッセージが出せなくなるのです。恋人同士、夫婦間、親子関係、上司と部下、仕事仲間、このように相談内容が、相談を受ける人にも関わってくる場合には、また特別の工夫が必要になります。そのテーマは現実には非常に重要になるので、別の機会にまとめたいと思っています。

当面は、そのような相談場面に対しては、基本的に利害関係ない第三者へ相談してもらうのが良いでしょう。カウンセラーは利害関係がないので、相談者の話を「たいへんだったですね」とか「がんばっていますね」などと共感しながら聞けるのです。

本書を読んで、相談を受けるという仕事に興味を持たれた方もいるでしょう。人を助けてあげられるということは、あなたにとっても、とても幸せな瞬間です。

もし、もっとくわしく勉強したいという人は、日本評論社の『目からウロコのカウンセリング革命』を読んでみてください。くわしいトレーニングの方法などが書いてあります。

本書をまとめるにあたり、講談社学術図書出版部の三木信子さんにはたいへんお世話になりました。彼女のセンスと緻密な作業にはいつも感心させられます。彼女の純粋な疑問のおかげで、私の発想もかなり刺激されました。

皆さんが身近な人の相談にうまく対処して、人から頼られる幸せ、人を助ける幸せを、感じられることを祈っています。

「うつ」とその対処法のことがわかる著書一覧
＊自殺の危機とカウンセリング（金剛出版）
＊うつからの脱出　プチ認知療法で「自信回復作戦」（日本評論社）
＊愛する人を失うとどうして死にたくなるのか（文芸社）
＊あきらめ上手は生き方上手（マガジンハウス）
＊家族・支援者のためのうつ・自殺予防マニュアル（河出書房新社）
＊「プチうつ」気分にサヨナラする本（ＰＨＰ研究所）
＊人はどうして死にたがるのか（サンマーク文庫）
＊ナースのためのストレスコントロール術（中央法規出版）

| 著者 | 下園壮太

心理カウンセラー。1959年、鹿児島生まれ。防衛大学校卒業後、陸上自衛隊入隊。陸上自衛隊初の「心理幹部」として多くのカウンセリングを手がける。2001年、防衛庁のメンタルヘルス検討会の委員として提言作成にかかわる。2002年、本邦初の組織的ポストベンションチームの一員として活動開始。現在は、陸上自衛隊衛生学校で衛生科隊員（医師・看護師など）にメンタルヘルス、自殺防止、カウンセリングなどを教育中。著書に『人はどうして死にたがるのか』（サンマーク文庫）、『自殺の危機とカウンセリング』（金剛出版）、『うつからの脱出　プチ認知療法で「自信回復作戦」』『目からウロコのカウンセリング革命　メッセージコントロールという発想』（ともに日本評論社）など。

相談《そうだん》しがいのある人《ひと》になる　1時間《じかん》で相手《あいて》を勇気《ゆうき》づける方法《ほうほう》　こころライブラリー

2008年4月21日　第1刷発行
2013年12月3日　第5刷発行

著　者　下園壮太《しもぞのそうた》
発行者　鈴木　哲
発行所　株式会社講談社
東京都文京区音羽二丁目12－21　郵便番号112－8001
電話　出版部　03－5395－3560
販売部　03－5395－3622
業務部　03－5395－3615
本文データ制作　講談社デジタル製作部
印刷所　慶昌堂印刷株式会社
製本所　株式会社大進堂



ISBN978-4-06-259491-2

N.D.C.140　237p　20cm

## 好評既刊

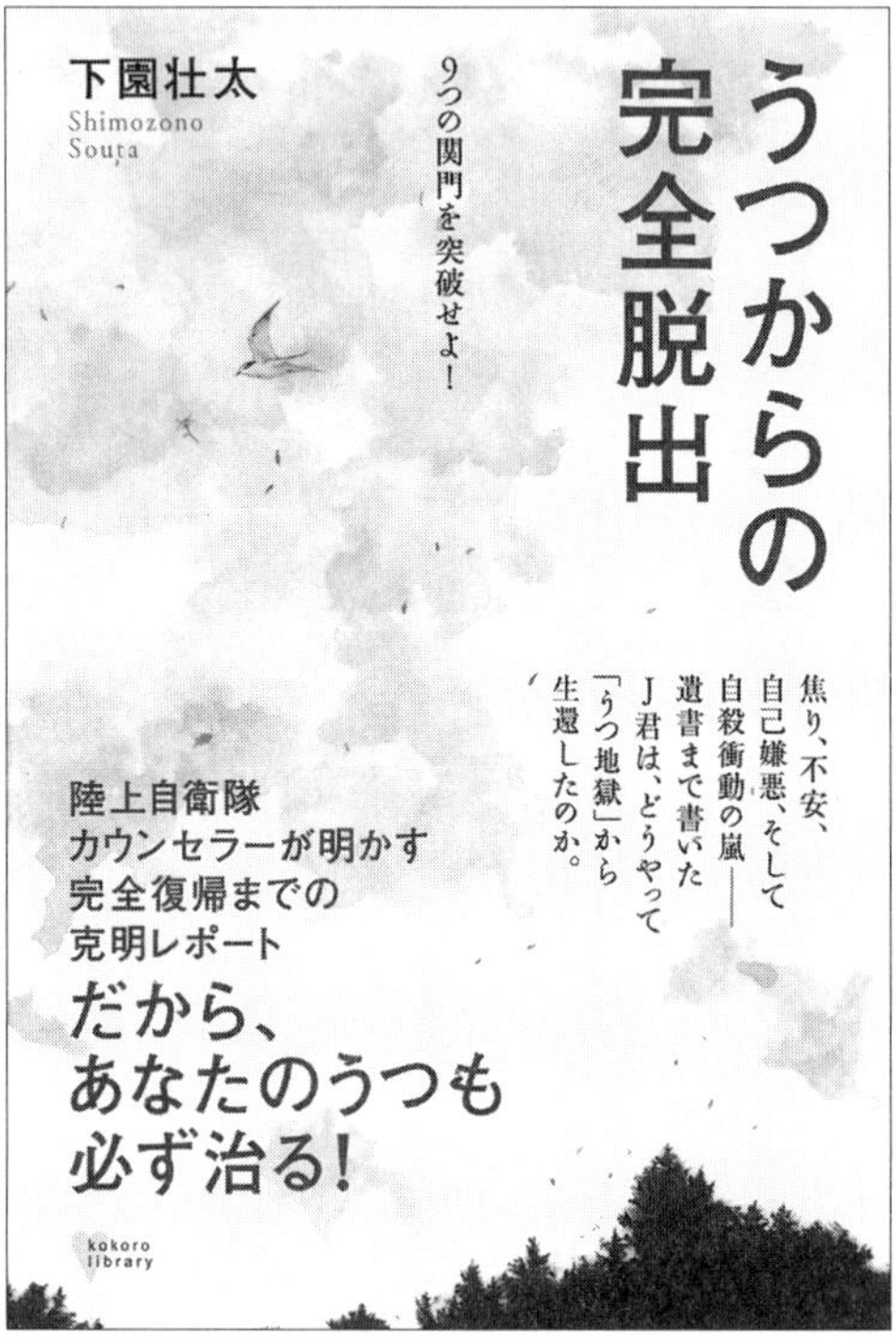
下園壮太
Shimozono Souta
9つの関門を突破せよ！
うつからの完全脱出
焦り、不安、
自己嫌悪、そして
自殺衝動の嵐——
遺書まで書いた
J君は、どうやって
「うつ地獄」から
生還したのか。
陸上自衛隊
カウンセラーが明かす
完全復帰までの
克明レポート
だから、
あなたのうつも
必ず治る！
kokoro
library

定価：1575円

ISBN978-4-06-259485-1

一人の患者を取り上げて、その人とのやり取りを通しながらうつからの脱出方法を段階的に解説。良くなっていく経過がよくわかる。著者のコメントに勇気づけられる一冊。